浙江省高职院校"十四五"重点立项建设教材

哲学·艺术·人生
高职院校综合素养提升课程

主　编　胡卓群
副主编　许　瑛　叶峰泉
参　编　陈丽丽　蔡　秀　徐燕丽

PHILOSOPHY, ART, AND LIFE
Comprehensive Literacy Enhancement
Course in Vocational Colleges

浙江大学出版社
·杭州·

图书在版编目（CIP）数据

哲学·艺术·人生 / 胡卓群主编. -- 杭州 ：浙江大学出版社, 2024.6. -- ISBN 978-7-308-25180-8

I. B；J

中国国家版本馆CIP数据核字第20247M6Q22号

哲学·艺术·人生
ZHEXUE·YISHU·RENSHENG

胡卓群　主编

策划编辑	葛　娟
责任编辑	葛　娟
责任校对	朱　辉
封面设计	春天书装
出版发行	浙江大学出版社
	（杭州市天目山路148号　邮政编码310007）
	（网址：http://www.zjupress.com）
排　　版	杭州林智广告有限公司
印　　刷	杭州高腾印务有限公司
开　　本	787mm×1092mm　1/16
印　　张	11.5
字　　数	224千
版 印 次	2024年6月第1版　2024年6月第1次印刷
书　　号	ISBN 978-7-308-25180-8
定　　价	40.00元

版权所有　侵权必究　　印装差错　负责调换

浙江大学出版社市场运营中心联系方式：0571-88925591；http://zjdxcbs.tmall.com

序

用哲学诠释艺术　用艺术完美人生

习近平总书记在中国人民大学考察时强调:"哲学社会科学工作者要做到方向明、主义真、学问高、德行正,自觉以回答中国之问、世界之问、人民之问、时代之问为学术己任,以彰显中国之路、中国之治、中国之理为思想追求,在研究解决事关党和国家全局性、根本性、关键性的重大问题上拿出真本事、取得好成果。"[1]只有立足我国实际,认真研究解决国家发展和职业院校中的重大问题,不断提高自主创新能力,扎根中国大地做学问,才能为我国职业院校建构自主的知识体系贡献智慧和力量。

在文化传承发展座谈会上,习近平总书记指出"第二个结合"是又一次的思想解放。中国式现代化的文化形态本身蕴含三重文明语境,是中华文明、现代化文明和社会主义文明时空交汇的结果。这种融合本身就是一种创新,不是简单的物理相加,而是化学意义上的整合凝聚,使"魂脉""根脉"和多重文明语境之间发生深刻化学反应,进而巩固文化主体性,增进民族文化认同,迸发出更为强大的民族凝聚力和向心力。

哲学是系统化、理论化的世界观和方法论,是时代的精华。艺术是对世界的精神实践的掌握,艺术为人生而存在,生命因艺术而灿烂。艺术是没有最高峰的,但当艺术到达一种境界时,就不再是一种技法的展现,而是对人生和世界的理性认知的表达,选择过滤沉淀的人生思考。

本教材编写首先遵循引领性原则,把育人铸魂要求贯彻到教材建设全过程。运用正确的政治方向和价值导向,使学生能较好地掌握与人生成长关系密切的哲学、艺术的基

---

[1] 习近平.坚持党的领导传承红色基因扎根中国大地 走出一条建设中国特色世界一流大学新路.人民日报.2022-04-26(01).

本知识，丰富学生知识结构，开拓思维形式，融通健全人格，树立远大理想，帮助艺术类高职学生把做人的基本道理内化为自己的信念，引导他们既提高哲学和艺术素养，又提高道德品质，成为有益于社会的艺术事业工作者。

其次为适用性原则，遵循职业教育教学规律和人才成长规律。以学生为中心，教师为主导。期冀通过对相关内容进行删减、整理、综合，编写出符合艺术学生阅读习惯和学习程度的教材。合理设计教学活动，体现基础性与阶段性。

再次为时代化原则，落实"互联网+职业"要求，配套开发信息化资源，适用于新媒体时代。弘扬中华优秀传统文化和革命传统，以我为主、洋为中用、辩证取舍，在中华优秀传统文化中挖掘资源，站稳中国脚跟，展现中国气派。

最后为递进性原则。全面有序地编排教学内容，关注专业与文化的衔接。由单一到多元，编排思路清晰合理。前三章注重学科的基础知识，是较为传统的教材整理和编写方式；后三章适度思考哲学、艺术、人生的交叉关系，提出一些新见解。内容阐释准确、清晰、简明。

路漫漫其修远兮。在各种知识信息快捷流通的网络时代，教师凭借知识垄断地位来灌输知识的合理性已经不复存在，高职院校综合素养提升课程要做到学生爱上爱听、学有所得的程度，如何引导学生融会贯通并将知识有效统一，如何引导学生进行深层次的思考并反思理论的时代性，如何引导学生将理论联系实际并对现实做出合理的分析，恐怕还有很长的路要走。在这条前进的道路上，需要不同学科的教师付出大量的时间与精力，需要教育理念的与时俱进，也需要教学材料的积累与更新。

深切地面对，真诚地思考，积极地回应。是为序。

编者

2024.2

目录 contents

第一章　走进哲学

第一节　哲学的源起与价值 / 2

第二节　哲学的基本问题与领域 / 8

第三节　马克思主义哲学概述 / 15

第二章　走进艺术

第一节　艺术的起源与本质 / 36

第二节　艺术的门类与特征 / 45

第三节　艺术的环节与作用 / 56

第二章　走进人生

第一节　人的本质与认知 / 64

第二节　人生的阶段与特点 / 75

第三节　人生的态度与道路 / 84

第四章 人生·哲学

　　第一节　概述与分类 / 92

　　第二节　价值与辨析 / 100

　　第三节　矛盾与调适 / 110

第五章 艺术·哲学

　　第一节　全貌与真身 / 122

　　第二节　美学与类型 / 125

　　第三节　审美与教育 / 135

第六章 艺术·人生

　　第一节　创作与素养 / 150

　　第二节　事业与职业 / 157

　　第三节　让艺术熏陶人生 / 166

参考文献

后　记

第一章
走进哲学

> 哲学是什么？这不仅是每一个学习哲学的人需要面对的首要问题，也是很多对哲学抱有兴趣的人为之迷茫的问题。理论是灰色的，而生命之树常青。我们就从哲学的源起开始带大家走进哲学。

本章思维导图

引思明理

第一节　哲学的源起与价值

一、哲学是什么

什么是哲学？尽管在一个社会中能系统而深入研究哲学的人很少，但在生活中很多人都形成了自己对哲学的种种印象。在有些人的印象中，哲学就意味着清贫，在一般人看来，哲学总是离现实生活很远，不实用，不能立竿见影地给人带来功利性的效益。东西方的哲学史似乎也有太多的证据表明，大多数哲学家都是一生潦倒、穷困不堪的。在有些人的印象中，哲学就意味着枯燥，在一般人看来，哲学著作往往是晦涩难懂的，歌德就曾经说过，理论是灰色的。在有些人的印象中，哲学就是故弄玄虚，将简单的东西复杂化，绕来绕去把人弄迷糊了，故意虚张声势。在有些人的印象中，哲学就是宗教的附庸，在一些国家相当长的时间里，哲学的功能几乎被绑定在为宗教提供解释和辩护上。在有些人的印象中，哲学是高不可攀的，哲学很神圣神秘，那不是一般人能从事的事业，哲学家也往往被想象为不食人间烟火的世外之人，一般人只能敬而远之。

第一，不能用实用与否来衡量哲学。黑格尔在《小逻辑》中鲜明指出研究逻辑并不是为了实用，也不应该以实用为目的。我国著名哲学家艾思奇在《大众哲学》第四版的代序中强调他写《哲学讲话》的目的是解决青年智识方面的饥渴。所以不能用物质工具理性来评价思想精神层面的哲学。以哲学为业的人可能在物质上贫困潦倒，但他们在精神方面可能是无价的。当然，如果你抱着功利赚钱的目的来学习哲学，那是拜错师门了。如果你以陶冶性情提升精神方面的需求为旨趣来学习或研讨哲学问题，那么，我相信哲学可能会给你增添一些思想精神方面的快慰。第二，哲学的一些概念、理论或命题可能对于许多初学者来说是晦涩难懂的。康德、黑格尔、朱熹、王守仁等许多哲学家的著作尤其难懂，至今许多原文对于我们来说，还是天书，不懂其中的玄机在哪。这不是哲学或哲学家的错，而是因为每个真正的哲学家可能都有构筑的哲学大厦体系，即便是他们本人也可能陷入其中而无法自解。但是学习本是一次向未知挑战的过程，解读哲学文本或破解哲学家思想的过程可能很难，但这可能是哲学最大的魅力之所在。我们可以展开思维的翅膀尽情地畅想，而不必求一定之规，不必纠结于个别词句，而应该从整体上把握了解哲学思想的概要。第三，哲学不是将简单问题复杂化，相反，哲学会将复杂问题简单化。自然界、人类社会、人的思维活动、人本身太过复杂，而哲学就是要探究复杂现象背后的真谛。

通常说来，哲学讨论的是关于人与世界关系的重大问题。文德尔班在《哲学史教程》中认为："所谓哲学，按照现在习惯的理解，是对宇宙观和人生观一般问题的科学论述。"[①] 从原始社会开始，人类在长期的生产实践中，在对外部世界的惊奇、怀疑和探究中，已经逐步形成了对外部世界及其与人的关系的原始的、幼稚的抽象观念，体会到外部世界对人的生活的影响，于是产生了一种力图理解人同周围环境关系的愿望。人们对整个世界以及人与世界关系的根本观点、总的看法，就是世界观。世界观所涉及的是关于整个世界的本质、存在方式以及人和世界关系的根本问题。人们在日常生活中自发形成的世界观，还只是一些朴素的信念，经过哲学家们自觉地创造性加工，就变成了系统的理论。中国传统哲学研究天人之际、探寻宇宙万物之道，古希腊哲学求索万物本原、追究最高原因的基本原理，都表现的是一种理论形态的人与世界的关系。人们在认识与改造世界的活动中，形成的关于世界的总体理解和根本看法，并通过一系列概念、范畴、命题和理论论证的思想体系就是哲学。

在原始社会时期，由于生产力非常低下，知识极其贫乏，那种抽象观念带有很大程度的直观性，且夹杂了对自然的崇拜和神话、巫术的成分，透过艺术（绘画、雕塑、音乐）和宗教（各种宗教活动）的表达，以解决生命、生存和死亡中的各种疑虑，并试图理解它们周围的环境及隐藏在环境背后的东西。这是人类探究世界奥秘的最初尝试，这种尝试将试图回答有关自然界及人类的问题、对人行为的规范、某个地方或团体的风俗习惯等。

进入奴隶社会以后，随着金属工具的制造和使用，人类社会已经完成了从野蛮时代到文明时代的演变，脑力劳动与体力劳动开始分离。一些专门从事脑力劳动的人，经过长期的积累、概括和发展，在人类哲学思想萌芽、生长的过程中，发挥了自己的聪明才

---

① 文德尔班.哲学史教程（上卷）[M].罗达仁，译.北京：商务印书馆，1987：5.

智，创造了哲学最初的理论形态，哲学作为一门学问便诞生了。

哲学的诞生是人类进入文明时代的一个重要标志。从字面上讲，哲学就是智慧之学，是给人以智慧使人聪明的学问。从哲学概念的来源看，它的正式名称philosophy，是从古希腊文的philein与sophia演化而来的。philein是"爱、追求"的意思，sophia是"智慧"的意思，philosophy就是"爱智慧"。哲学的历史源头，一般认为是西方哲学中的古希腊哲学，这并不包含任何的价值评判，只是明确一个历史事实。古希腊哲学的历史起点大多认同起始于米利都学派的创始人泰勒斯。泰勒斯哲学的兴起和发展，经历从公元前7世纪末至公元前6世纪初，至今长达2600多年的发展历史。冯友兰先生在《中国哲学简史》中提到西方人认为中国没有哲学。如果从词汇上或者从西方意义上说，中国确实没有"philosophy"一词，philosophy一词在明朝末年被传教士利玛窦带入中国，被译为"爱知之学"，另一位传教士艾儒略把它译为"西方的理学"，只是未引起当时中国学界的重视。19世纪，日本学者西周首次用汉语"哲学"表述之，因为汉语中"哲"字与"智慧"的意思最为相近。1896年，中国近代思想家黄遵宪将其引入中国。哲，指的是"聪明"和"智慧"，含有"通晓事理"之意，中国古史经典《尔雅·言音》中就说："哲，智也"，另一经典《尚书·洪范》也说"视曰明，听曰聪，思曰睿。……明作哲，聪作谋，睿作圣"，把善于观察、倾听、思考看作是人的聪明睿智。在现代汉语中，哲被解释为智慧、聪明、明智等，含有通晓事理之意思。因此，从哲学的本义来看，中国不但有哲学，而且哲学思想丰厚。西方用他们的线性的形式逻辑，来框定哲学进而说中国没有哲学的说法是西方文明中心论下的一种文化帝国主义。一般认为，中国哲学的历史起点，可追溯至商周时期成书的《易经》的阴阳观和《尚书·洪范》的五行观中所蕴含的原初哲学思想。商周之际的历史纪年约为公元前11世纪，至今中国哲学已有3000年左右的发展历程。

哲学是对智慧的追求。哲学所追求的是大智慧，哲学也体现为一种追求智慧的激情，更表现为一种智慧的生存境界。哲学和其他学科在追求智慧这一点上的差别就在于：首先，哲学是专门追求智慧的，追求智慧是哲学的本性，其他学科则不是以追求智慧为专业的；其次，哲学追求的智慧不是回答和解决各种具体问题的"小聪明"和"小智慧"，而是关于人类生存、发展及其意义的"大聪明"和"大智慧"。

哲学是人存在的基本方式。与其他的学科截然不同，哲学所探讨的东西是与我们本身休戚相关的，人或人的生命的本质就是哲学的，哲学在我们的生命最深处拨动着我们的心灵之弦。或者说，哲学就存在于我们自身之内。或者可以更进一步说，人的存在就是哲学性的。中国现代著名哲学家冯友兰就是这样看的。他认为，哲学就是对于人生的有系统的反思的思想。

哲学是关于世界观和方法论的学问，是一种系统化、理论化的世界观和方法论。这是马克思主义的哲学观，正是这一点规定了哲学的对象、性质、特点和功能。世界观即人们关于世界及人与世界关系的基本观点和根本看法，又称宇宙观。由于人的认识具有主客二分的特点，哲学家们通常把世界二重化为物质世界和精神世界，也叫作主观世界和客观世界。世界就是大全，涵盖了自然、社会、人及人的思维等方面。哲学既是一种知识体系，又是一种意识形态。作为知识体系，它是整个人类知识体系的一个组成部分，是自然知识、社会知识和思维知识的概括和总结。哲学以整个世界为研究对象，从总体上探讨世界的一般本质和普遍规律，是人类理论思维的最高形式。作为意识形态，哲学是上层建筑的一个组成部分，表现着社会经济关系的内容，体现着特定社会集团的意志和愿望，在阶级社会则体现着一定阶级的利益和要求，具有鲜明的阶级性。因此，哲学的发展既服从认识发展的规律，又受到社会关系、阶级关系、运动规律的支配。

总之，哲学就是一种从总体上把握世界的人类智慧，是一种理论形态的世界观。其实，哲学就是从林林总总、包罗万象的万千世界中理出一个理。当然，说理的过程可能相对于哲理本身来说要复杂得多，而说理、讲道理并不是为了卖弄炫耀。一个浮夸浮躁之人，是研究不了哲学的。那些号称自己是哲学家的卖弄之人故意将哲理复杂化，并不是哲学或传授哲理应有的，反而辱没了哲学，混淆了视听。

哲学是减法，而不是加法。尤其在当今知识大爆炸的时代，我们如何在乱花迷眼、乱云飞渡的乱象中把握其中的本质，需要哲学的思辨去粗取精、去伪存真。《易经》中的阴阳、老子的道、宋明理学的"理"或"心"、德谟克利特的原子、马克思的剩余价值原理等，大家熟知的一些箴言，许多艺术作品创作的灵感或具象，均是从无数生活中总结出来的哲学。哲学的概括、分析、综合、推理过程可能较复杂，而最终所得到的总结、规则、原则很简单。所谓大道至简，一沙一世界，富含深刻的哲理。

二、哲学的价值

如果说，回答"哲学是什么"，需要面对哲学的存在和全部历史作事实性的描述或判断，那么"哲学有什么用"，这一问题询问的是，哲学到底有什么样的价值，或者说得更直接一些就是，哲学究竟有些什么用处。黑格尔对哲学的价值有一段精彩的概括：

一个国家没有哲学，就像一座雄伟壮观的庙中没有至圣的神一样，空空荡荡，徒有其表，因为它没有可信仰的东西、可尊敬的东西。显然这是一个价值问题，需要运用一种开放性的价值思维，做出相应的价值分析和判断。

（一）哲学之于人类的价值

1. 哲学的工具价值

作为提供普遍性知识、理念和方法的科学，哲学具有普遍性的工具价值。哲学之于人类的工具价值，是指哲学能够作为工具手段，满足人类认识世界、改造世界的需要，为实现人类的美好生活服务。当然，哲学与其他具体学科不同，它似乎不能直接帮助人们达到某种现实的功利或实用目的。例如，哲学并不能提供衣食住行的资源，也不能直接用于发财致富或改进生产技术等等。但是，哲学却能够武装人的头脑来增强人的精神力量，通过人的精神力量向物质力量的转变，产生改变世界的巨大能动作用。正因为如此，人类从来重视哲学这种工具价值。历史上一切民族、阶级和政党都有一定的哲学学说作为自己的精神武器，而人类则在总体上把哲学当作自己的一种精神武器、一个伟大的认识世界和改造世界的工具。哲学是人类认识世界、改造世界，同时认识自我、改造自我的强大思想武器，它的工具价值是任何具体科学都不可替代的。实践也证明，千百年来，哲学不仅反思现存的一切，而且超越现实，预测远景，促使人不懈地追求理想与信仰，引导现实生活发生变革。

2. 哲学的超越价值

哲学不仅具有强大的工具价值，而且具有超越具体工具性，看似无形却更深刻、更能显示人的精神本性的崇高意义，这就是哲学对人类的超越价值。这种超越价值在于，作为一门特殊的学科，哲学已经成为人类特有、不可或缺的一种精神生存和成长方式，即在高度理性、高度自觉层面上实现精神的自我满足、自我提升与自我实现。哲学已经属于人类固有精神生命和生活的一部分，哲学的发展并不仅仅是要为人类的其他活动提供思想工具或手段，而是它本身就意味着人类高度理性需要的不断满足和理性能力的不断提升。庄子所云"以道观之"，就是以一种超越的观点来观照一切。

3. 哲学的文化价值

文化有时代性，也有民族性。人类社会由低级向高级不断发展是一种基本的趋势，但是这种发展与自然界的周期性运动不同，它不是一个"自然过程"，而是人类自觉活动推动下的"自为过程"，人的实践活动可以加速或延缓这种发展的步伐。梁漱溟在

《东西文化及其哲学》中以西方、中国、印度三方文化哲学之国情现状为参照，对比分析及阐述了作者眼中的东西方文化及对哲学相关命题的认识。哲学对于一个民族深化自身的认识、坚守自身文化的独立性以及增强民族自信等都有积极作用。

哲学的存在和发展与人类理性和精神生命具有一致性。因此，人们要像尊重人本身一样尊重哲学，人类社会不能只要求哲学为自身的经济、政治和文化等需要服务，也要使经济、政治和文化等适当地为哲学发展的需要服务；不能只用社会其他方面发展的是非得失来衡量哲学的成果，也要用哲学上的是非得失来衡量其他方面的发展；社会发展决策不能仅仅着眼于功利上和道德上的目的考虑与否，也要兼顾发展哲学事业和培养哲学精神的效果。

（二）哲学之于个体的价值

从个体的层面看，哲学作为人的一种本质性活动，是个体作为人应有的一种提升方式。一个脱离了动物界的真正的个人，不可能没有自己的哲学思想，没有自己关于世界和人生的看法。只有在对智慧的追求和实践中，在被哲学培养和熏陶中，个人才能不断认识自我，逐渐实现自己的价值，逐渐成为真正的人。

1.哲学能立身做人

中国古代哲人认为，人要"先立乎其大"。这个"大"就是立身做人的基本准则，就是人生观、价值观的"坐标"，就是人格、理想和志向中根本的东西，它是一个人安身立命的基石。冯友兰先生就说过，哲学是使人成为人而不是成为某种人。如果有了这个"大"，就有了主心骨，不管从事什么职业，不论做什么事情，都会表现出志向高远、坚忍不拔、生命不息、奋斗不止的精神；没有这个"大"，就像置身大海没有方向，不管从事什么职业，无论做什么事情，都可能胸无大志，患得患失，整天为琐碎的小事所困，无所作为。

2.哲学能认识自身

在哲学史上，"人是什么"一直是一个难解的千古谜题。"人是城邦的动物""人是上帝的奴仆""人是自然的仆役""人是理性的动物""人是语言性存在""人是社会关系的总和"……各种答案层出不穷，而问题似乎远远没有解决。特别是当人认识自己或把"我"作为对象认识时，因为与自我相关，还会发生自我缠绕，"剪不断，理还乱"。有时候，越是要认识"我"，"我"隐藏得越严实。通过哲学的穷根究底、追根溯源，通过没有止境的反思和批判，哲学不仅可以帮助人们弄清人是一种什么样的存在，而且还可以帮助人们认识"我是谁",反思为什么活着,怎样活着才有价值。

3.哲学能提升境界

作为世界上唯一具有自主性、能动性和创造性的动物,人必须从灵魂上把握自己的本性、目的和需要,意识到自己的能力与局限性,并据此决定向往什么、追求什么,以及应该如何基于现实环境和条件去实现自己的理想和信仰,如何在不断的否定与批判中验证自己的信念。哲学作为时代精神的精华,是每一代人甚至每一个人的"活的灵魂",它能够丰富心性,提升境界,以反省性、批判性的态度指导人们的思想和行为。比如冯友兰根据人对宇宙人生的觉解程度的不同,构建了人生从低到高的不同的四种境界,即自然境界、功利境界、道德境界和天地境界,从顺着自己的才情不自知到自觉行为是为了自己的利进而"行义"以至"事天"。他认为,人对宇宙与社会的觉解,有益于提高自身的精神境界层次。哲学作为人的一种精神存在方式,是与人的感性世界的自我成长过程相关联的,是与人自身开放性的反思、提升、创造相连的。

第二节 哲学的基本问题与领域

一、哲学的基本问题

哲学的基本问题是"世界是什么",即思维和存在的关系问题,恩格斯指出,"全部哲学,特别是近代哲学的重大的基本问题,是思维和存在的关系问题",也就是精神和物质的关系问题。人类哲学思想在数千年的发展过程中,提出并探索过许多涉及整个世界的大问题,其中贯穿始终的便是哲学的基本问题。早在远古时代,这个问题就以某种模糊的方式提了出来,自近代以来则以更加明确的形式出现,对哲学演变起着越来越重大的作用。思维和存在即精神和物质的关系问题包括多方面的内容,其中有两个最为突出的方面。

哲学基本问题的第一个突出方面是:世界的本质是精神还是物质,是精神决定物质还是物质决定精神?用哲学的语言表述,就是精神和物质何者为第一性的问题。这一方面的问题涉及世界的本质、本原,是哲学基本问题的最重要方面,哲学史上称之为本体论问题。按照对这一问题的不同回答,全部哲学划分为唯物主义和唯心主义两个根本对立的基本派别：凡主张世界的本质是物质，坚持物质第一性、精神第二性，物质决定精神的，属于唯物主义派别；凡断言精神是世界的本质，坚持精神第一性、物质第二性，精神决定物质的，则属于唯心主义派别。

唯物主义和唯心主义，是哲学中的两大基本派别。唯物主义哲学在长期发展中主要经历三种历史形态：古代朴素唯物主义、近代形而上学唯物主义和现代辩证唯物主义，其中辩证唯物主义是唯物主义哲学发展的高级形态。具体来看，在古代奴隶社会中，在当时生产力发展要求的推动下，萌发了诸如天文学、数学等最早的几门科学，最初的哲学家们把包含在这些科学知识中唯物主义观点的萌芽加以整理概括，形成古代朴素唯物主义哲学。在古希腊、古代中国以及古代印度等古代国家，都曾出现过古代朴素唯物主义的杰出代表。例如，古希腊的泰勒斯就认为，万物从水中产生最后又复归于水，他把水看作万物的"始基"，即本原；赫拉克利特认为世界的本原是火；德谟克里特则主张世界万物都是由极其微小且不可分割的原子构成，他的古典原子论代表了古希腊朴素唯物主义的最高成就。古代中国的"五行说"认为宇宙万物皆由金、木、水、火、土五种物质元素构成。古代印度的"四大说"也持相似的看法，将世界万物归结为地、水、火、风四种自然现象。朴素唯物主义虽然坚持了世界物质统一性的正确立场，并且在不同程度上具有朴素的辩证法成分，但由于历史条件的局限，缺乏客观性和科学性的论证，在社会历史领域中也不能彻底坚持唯物主义的原则。

近代形而上学唯物主义，包括17世纪英国的唯物主义学说和18世纪法国的唯物主义学说。形而上学唯物主义继承了古代朴素唯物主义的思想，根据当时自然科学的发展状况，正确地回答了世界的物质统一性及其可知性问题，它坚持无神论，反对宗教迷信，在历史上起了一定的进步作用。他们认为整个宇宙只存在着物质实体，不可能存在超自然的精神实体。英国的弗朗西斯·培根认为，分子是物质的基本单位，分子是不变的，也是不能再分的。他反对神学，提出了"知识就是力量"的著名口号，认为只有掌握了自然规律，才能实现对自然的统治，要命令自然，就必须服从自然。英国的洛克认为：物质是许多影响我们感官的性质所寄托的某种东西。他提出了有名的"白板学说"，认为人的心灵最初好像一块白板，一切观念都是后天获得的。近代形而上学唯物主义承认物质第一性，但把事物和过程孤立起来，撇开了广泛的总体的联系去考察，因此就不是把事物和过程看作本质上变化着的东西，而是看作永恒不变的东西，不是看作活的东西，而是看作死的东西。形而上学唯物主义在历史上有着不可抹杀的功绩，但却存在机械性、片面性和不彻底性三个局限性。

现代辩证唯物主义，是唯物主义最彻底、最科学的形态。18世纪末19世纪初，黑格尔建立起有史以来最庞大的以"绝对精神"为支柱的客观唯心主义体系，在这个体系中包含着非常丰富深刻的辩证法思想。黑格尔之后，德国古典哲学的终结者费尔巴哈打破了黑格尔的客观唯心主义体系，恢复了唯物主义应有的权威。马克思和恩格斯总结了19世纪40年代无产阶级的阶级斗争经验和自然科学的最新成果，批判地继承了人类文化的优秀遗产，特别是在批判地吸收了黑格尔和费尔巴哈哲学中合理因素的基础上创立了现代辩证唯物主义。现代辩证唯物主义克服了形而上学唯物主义的局限性和不彻底性，实现了唯物主义和辩证法、唯物辩证的自然观和历史观在实践基础上的高度统一，也实现了哲学史上的一次革命性变革。

唯心主义哲学大体上可分为主观唯心主义和客观唯心主义两种形态：主观唯心主义把世界归结为主观精神的创造，客观唯心主义把世界归结为由某种超自然的客观精神力量所创造。二者的具体说法不同，但都主张精神是世界的本原。主观唯心主义者贝克莱有一个著名的命题叫作"存在就是被感知"，就是说客观存在都是以"我的感觉"为转移的，我感觉它存在即存在，我不感觉它存在即非存在。我国古代的《坛经》中也曾记载过这样一个故事：一天一群和尚在庙门口散步，一个和尚抬头看见幡在飘动便说，"你们看幡在飘动"，另一个和尚反驳说，"不是幡动，是风在动，因为幡是风吹动的"。两人为之争论不休，一个叫惠能的和尚出来发表意见说："不是幡动，也不是风动，而是你们的心在动。"这就是典型的主观唯心主义。客观唯心主义在古希腊有柏拉图的"理念论"，认为理念世界是现实世界的本原，现实世界只不过是理念世界的影子。德国的黑格尔认为，世界的本原是"绝对精神"，这种"绝对精神"在自然界出现以前就存在着，自然界和人类社会都是"绝对精神"发展到一定阶段的产物和表现。

哲学基本问题的第二个突出方面是：人的思维有没有能力认识客观世界，或者说，世界是可知的还是不可知的。用哲学的语言表述，就是思维和客观存在、精神和物质之间有没有同一性的问题，哲学史上称之为认识论问题。绝大多数哲学家都肯定思维和客观存在之间有同一性，属于可知论；只有极少数哲学家否认思维和客观存在的同一性，属于不可知论。

哲学另一个重要问题是"世界怎么样"，即世界的存在状态问题。世界上的事物是相互联系的还是孤立存在的？是运动的还是静止的？如果事物有变化，其动力是来自内部还是外部？对这些问题的不同回答，就形成了辩证法和形而上学的对立。

"辩证法"一词来源于古希腊文的"对话""论战"，字面含义是进行谈话和辩论的艺术，本义是指在辩论中用来揭露对方的矛盾并化解矛盾的方法。辩证法是关于普遍联系和发展的学说。它认为世界上的事物是普遍联系的，是不断运动变化和发展的，发展的原因是事物的内部存在矛盾。人们运用这种方法研究世界发展的一般规律，揭示世界的矛盾运动，成为认识世界的辩证方法。从古至今辩证法经历了古代朴素辩证法、近代唯心辩证法和马克思主义的唯物辩证法三种历史形态，马克思主义的唯物辩证法是最科学的学说。形而上学是一个古老的哲学名称，其字面意思是"物理学之后"，通常被理解为研究超经验东西的学问，后来黑格尔把它用来专指"并非辩证的思维方法"。形而上学是用孤立的、静止的和片面的观点看世界的学说。它认为世界上的事物和现象都是孤立的、静止不变的，没有任何联系，即使有些变化也只是数量的增减、场所的变更，没有质的变化，并且认为数量增减、场所变更这些量变都是由于外力的推动引起的。唯物辩证法与形而上学根本的分歧，就在于是否承认矛盾，是否承认事物的内部矛盾是事物发展的源泉。辩证法和形而上学的对立，从属于唯物主义和唯心主义的对立。

二、哲学领域众多

我们看到，每个民族或国家都有其特殊的文化传统和表达方式，加上不同历史时期都有各自突出的重大课题，人类哲学思想呈现为纷繁多样的哲学领域。在每一历史阶段，唯物主义与唯心主义、辩证法与形而上学的斗争，都以先前的哲学成果为基础，又聚焦于人类在该时代面临的新问题，从而使得哲学达到新的时代水平。哲学家们在自己感兴趣的角度又将哲学推向纵深，形成了一系列既相互独立又彼此相关的领域学科，一般认为主要包括马克思主义哲学、中国哲学、外国哲学、逻辑学、伦理学、美学、宗教（哲）学、科学技术哲学（自然辩证法）这八大领域。

马克思主义哲学（Marxist Philosophy/ Philosophy of Marxism）是由马克思和恩格斯在19世纪中叶创立的，在世界范围内得到广泛传播。马克思主义哲学不仅是人类文明史的必然产物，也是那个时代精神的集中表现，更具有与时俱进的品质。人们通常用辩证唯物主义与历史唯物主义来称谓马克思主义哲学，近年来也有人将马克思主义哲学称为实践唯物主义。在当代中国，马克思主义哲学是人们学习和研究哲学的最重要的、最基本的理论内容，是人们学习和研究各种哲学最重要的、最基本的指导思想。这部分内容我们将在下节详细介绍。

中国哲学（Chinese Philosophy）是世界三大哲学传统之一，是中华民族智慧集体的、历史的结晶。它以迥异于其他民族的范畴，致力于研究天人关系和古今历史的演变，形成了独具特色的自然观、历史观、艺术观、认识论和方法论。与欧美哲学和印度哲学不同的是，中国哲学与宗教、神学结合不是很紧密，而与儒家的经学结合，特别重视哲学与伦理的联系，具有十分鲜明的生命实践特征。如今，不少中外哲学家相信，面对目前人类面临的诸多问题，中国哲学拥有更多的智慧，中国哲学也已成为世界哲学界研究的重要内容。

外国哲学（Foreign Philosophies）是研究其他国家哲学在历史上的产生、形成、演变的过程以及现状和发展趋势的一门学科。我们基于不同地域生发出来的历史文化概念，大致把外国哲学分为东方哲学和西方哲学两大部分。东方哲学包括印度哲学、日本哲学、朝鲜哲学、阿拉伯哲学等，西方哲学包括古希腊罗马哲学、中世纪哲学、文艺复兴时期哲学以及近现代西方（欧美）各国的哲学。"哲学"一词诞生于西方，西方哲学积淀了雄厚的哲学基础，被很多人认为是哲学的经典类型。因此，学习外国哲学，尤其是学习西方哲学是了解哲学的必经之路。

逻辑学（Logos/Logic）是以人的思维为对象、研究人的思维的形式结构及其规律、规则的学科，其核心工作在于研究人们如何进行正确的推理活动。从最宏观的高度看，逻辑可分为以演绎推理为主的形式逻辑和以归纳推理为主的归纳逻辑。由亚里士多德奠基，由康德正式命名的形式逻辑（主要是演绎逻辑）是逻辑学最成熟的，也是主体的部分。形式逻辑不问是非，只讲求命题真伪以及推理是否有效。现代西方一些学者已经将逻辑与数学结合，以追求更高的精确性，产生了所谓的数理逻辑或曰符号逻辑，已逐渐成为现代逻辑的主流，它事实上是形式逻辑的现代形式。

伦理学（Ethics）是关于伦理道德的学说，指人与人之间的道德原则和规范。在汉语中，"伦"有类、辈分、顺序、秩序的含义，引申为关系；"理"是玉的纹路，引申为道理、规则。在古希腊，"伦理"一词含有风俗、习惯、气质和性格的意义。中国的伦理思想传统注重个人品德修养，强调与"外王"相结合。西方伦理思想传统强调追求以人的至善为特征的个人幸福。印度伦理思想与宗教结合，强调人的精神生活。随着社会的发展，人类面临着许多挑战和危机，反思性已经成为人类的经常性机制，而任何一种反思都将引向人类行为的规范。因此，广义地说，伦理学的范围正在扩大，伦理学有很好的发展前途。

美学（Aesthetics）的希腊文词源含义是指对一般感觉经验的研究。德国哲学家鲍姆嘉通在1750年出版的著作《美学》中认为，相对于研究"知"的逻辑学、研究"意"

的伦理学，应该有专门研究感性的"情"的审美学科。此后，美学成为一门专门的学科，鲍姆嘉通亦被尊为美学之父。美学大体上以美（丑）的本质、审美和艺术为研究对象，是研究美的本质及人的审美活动的学科。但事实上，时至今日，人们对美、美学的定义仍有分歧。通观中西古代美学思想及现代美学的发展趋势，美学研究主要有三种路径：一是哲学的路径，以哲学思辨的方式对美学的基础理论进行探讨；二是艺术或艺术社会学的路径，从社会历史的角度探讨艺术诸形式的审美体验与接受的问题；三是心理学路径，着重对审美经验进行心理研究，被称为审美心理学或文艺心理学，现在已经成为美学研究的主体部分。或许，在哲学的诸领域中，美学是最能接近人们的生活世界的。这部分内容将在第五章中重点讲解。

宗教学（Science of Religion）是以人类宗教现象为研究对象的综合学科。宗教现象有着悠久的历史，但宗教学作为一门学科的时间却很短。它在19世纪下半叶形成于欧美，其标志性的事件是英籍德国学者缪勒1870年在其《宗教学导论》一书中第一次提出宗教学这一概念。中国的宗教学研究起步较晚，开始于20世纪晚期。宗教学不同于以论述神灵存在为前提的神学。从应然的层面上看，宗教学更为自觉地遵循客观性原则，以社会历史中的具体宗教现象为对象，从形式与内容方面考察其观念、行为和组织，探讨宗教起源与演化的进程，以及宗教产生与存在的基础，并考察宗教的性质、演化规律与社会作用。当代科技进步、社会发展并没能消除宗教现象，相反，在一个充满不确定、风险、未知可能的世界，宗教所具有的吸引力需要辩证看待。

科学技术哲学（philosophy of science and technology）主要从哲学的高度研究自然界的一般规律、科学技术活动的基本方法、科学技术及其发展中的哲学问题、科学技术与社会的相互作用以及科学技术思想、文化、政策、管理等领域之间的相互关系等内容。西方的科学技术哲学一般体现在自然哲学、科学哲学、技术哲学、自然科学的哲学问题等研究之中，并没有严格统一的学科。中国的科学技术哲学脱胎于自然辩证法（Dialectics of Nature），以恩格斯所著《自然辩证法》为起点。科学的昌明、技术的发达及其带来的诸多问题都呼吁寻求一种哲学的解答，科学技术哲学的发展方兴未艾。

二、中国哲学的历史演进

中华民族是富有哲学智慧的民族。掌握中国哲学的历史，不仅有助于深化对哲学发展规律的理解，更重要的是会深化对具有中国特色、中国气派和中国风格的当代中国马克思主义哲学的理解。

中国哲学大致萌芽于夏商周三代，成型于春秋战国时期。后来佛教传入中国并经历了中国化的过程后，佛教哲学也成为中国哲学的一个重要部分。中国传统哲学的历史，大体可以分为先秦子学、汉代经学、魏晋玄学、隋唐佛学、宋明理学等主要阶段。以孔孟哲学为主要标志的儒家哲学、以老庄哲学为主要标志的道家哲学、中国化了的佛教哲学，即儒、道、释三大派哲学，形成了独具特色的中国哲学传统，对中华文明乃至世界文明产生了巨大的、深远的影响。

先秦子学，亦称诸子百家之学。司马谈《论六家要旨》把先秦、汉初思想流派分为阴阳、儒、墨、名、法、道德六家。刘歆《七略》和班固《汉书·艺文志》分诸子之学为十家，在司马谈所说的六家之外，又加上纵横家、杂家、农家和小说家。诸子百家依据各自不同的社会地位、思想倾向，在天道观、人性论、政治伦理思想诸方面构成了各自的学说体系，形成了一个百家争鸣的局面。

汉代是中国经学传统确立的时代。春秋末期，孔子删述六经以教弟子，开启了经学传统的先河。汉代"罢黜百家，独尊儒术"，确立了孔子和儒家经典在政治和学术上的主导地位。经学通过解说传统经典的方式服务于现实政治，在哲学上讨论的主要是政治哲学、宇宙论、天人之际等问题。

魏晋玄学，是以道家思想为骨干，结合儒道、会通孔老。汉末经学逐渐走入繁琐考证的歧途，于是道家思想再度兴起。当时名士崇尚清谈，玄风大盛。魏晋玄学经历了贵无论、崇有论、独化论等阶段，对有无、言意、自然与名教等问题进行了深入的讨论。

隋唐时期是中国佛学发展的鼎盛时期。佛教于公元前6世纪至公元前5世纪产生于古印度，约在东汉明帝时传入中国。经魏晋至南北朝，佛学逐渐融入中国社会。至隋唐时期，佛教宗派创立，形成了中国化的佛学系统，对中国的哲学、宗教、文学艺术和民众精神生活产生了深远影响。

宋明理学的兴起，旨在应对释、道对儒家传统价值理念的冲击，接续儒学固有的人文传统，以重建圣学教化和外王事业之形而上学的基础。宋明理学主要包括程朱理学和陆王心学两大派，其哲学思想的特征多以"心性义理之学"来概括。

在中国哲学发展史上，马克思主义哲学在中国的传播、应用和发展，是具有里程碑意义的大事。马克思主义哲学之所以能在中国生根，是因为马克思主义的普遍真理符合中国的实际、符合中国的需要。同时，中国传统哲学中的实事求是以及主张变易、承认矛盾和追求和谐的朴素的唯物主义和辩证法思想，与马克思主义哲学是相通的。中国传统哲学的肥壤沃土，为中国化时代化的马克思主义哲学提供了丰富的思想资源。

第三节 马克思主义哲学概述

马克思主义是由马克思和恩格斯创立并为后继者所不断发展的科学理论体系，是关于自然、社会和人类思维发展一般规律的学说，是关于社会主义必然代替资本主义、最终实现共产主义的学说，是关于无产阶级解放、全人类解放和每个人自由而全面发展的学说，是无产阶级政党和社会主义国家的指导思想，是指引人民创造美好生活的行动指南。

马克思主义是一个博大精深的理论体系。马克思主义哲学、马克思主义政治经济学和科学社会主义是其三个基本组成部分，它们有机统一并共同构成了马克思主义理论的主体内容。

一、马克思主义产生的社会历史条件

马克思主义是时代的产物，它的产生有其深刻的社会根源、实践基础和思想渊源。

首先，资本主义经济的发展为马克思主义的产生提供了经济、社会、历史条件。工业革命的兴起，生产力的巨大发展，既促进了新兴资本主义制度的确立和巩固，也使这一制度开始显露出它固有的内在矛盾，即生产社会化同生产资料资本家私人占有之间的矛盾。资本主义固有矛盾的发展，预示着未来社会革命的性质和历史发展的方向，这为马克思主义的产生提供了经济社会的条件和基础。

其次，无产阶级反对资产阶级的斗争日趋激化，对科学理论的指导提出了强烈的需求。随着机器大工业对工场手工业、雇佣劳动制度对封建生产关系的取代，社会日益分裂为无产阶级和资产阶级。1831年和1834年法国里昂工人先后举行了两次起义，1836年英国爆发了延续十余年的全国性的工人运动——宪章运动，1844年德国西里西亚纺织工人举行起义，标志着现代无产阶级作为独立的政治力量登上了历史舞台。但是，这几次工人运动均遭失败，这就迫切需要总结无产阶级斗争的实践经验，形成科学的革命理论，用以指导无产阶级的解放斗争。这就成为马克思主义产生的阶级基础和实践基础。

最后，马克思恩格斯的革命实践和对人类文明成果的继承与创新。资本主义经济社会的发展及其矛盾运动为马克思主义的产生提供了客观条件，无产阶级与资产阶级的斗争对马克思主义的产生提出了现实需求，这些都是马克思主义产生的时代和实践基础。马克思恩格斯批判地继承了几千年来人类思想和文化发展中的一切优秀成果，尤其是批判地吸收了德国古典哲学、英国古典政治经济学和英法空想社会主义的合理成分，创立了唯物史观和剩余价值学说，把社会主义由空想变为科学，实现了人类思想史上的伟大革命。

二、马克思主义哲学概要

马克思主义哲学是19世纪中叶社会和哲学发展的必然产物。马克思主义哲学是适应无产阶级争取自身解放和人类解放的需要而产生的，同时又是对以往科学和哲学发展成果的概括与总结。马克思主义哲学以无产阶级和人类解放为主题，深刻地阐明了人与世界的关系，把唯物主义和辩证法、唯物主义自然观和历史观统一起来，实现了哲学发展史上的革命性变革，为哲学的发展、社会的进步、人类的解放开辟了广阔的道路。

（一）世界的物质性

1.物质是标志客观实在的哲学范畴

物质范畴是马克思主义哲学关于世界本原和统一性的最高抽象，是唯物主义世界观的基石。20世纪初，列宁对物质概念作了全面科学的规定："物质是标志客观实在的哲学范畴，这种客观实在是人通过感觉感知的，它不依赖于我们的感觉而存在，为我们的感觉所复写、摄影、反映。"[1]马克思主义哲学认为，世界的本质是物质，物质是不依赖于意识又能为意识所反映的客观实在，物质的唯一特性是客观实在性。

科学发展证明，自然界的天地万物都有自己产生的客观过程，有其发生发展的客观规律，都是物质世界发展到一定阶段的产物。自然界既不是什么神的意志的产物，也不可能是人的意识的产物。自然界先于人和人的意识而存在，人类产生以后自然界的存在和发展仍然不依赖于人的意识，人能够利用自然规律，但不能改变自然规律。自然界的存在与发展是客观的。社会也是客观的，社会是客观世界发展的必然结果，社会存在与

---

[1] 列宁.列宁选集（第2卷）[M].北京：人民出版社，2012：89.

发展的基础是客观的，支配社会发展的规律是客观的。

物质概念具有深刻的理论意义：其一，坚持了物质的客观实在性原则，坚持唯物主义一元论，同唯心主义一元论和二元论划清了界限。唯心主义一元论坚信世界的本原是精神，二元论认为世界的本原是并行不悖的精神和物质。其二，坚持了能动的反映论和可知论，有力地批判了不可知论。其三，体现了唯物论和辩证法的统一。其四，体现了唯物主义自然观与唯物主义历史观的统一，为彻底的唯物主义奠定了理论基础。

运动是物质的存在方式。世界是物质的，而物质是运动的。运动是标志一切事物和现象的变化及其过程的哲学范畴。物质和运动是不可分割的。一方面，运动是物质的存在方式和根本属性，物质是运动着的物质，脱离运动的物质是不存在的，设想不运动的物质，将导致形而上学。另一方面，物质是一切运动变化和发展过程的存在基础和承担者，世界上没有离开物质的运动，任何形式的运动都有它的物质载体，设想无物质的运动，将导致唯心主义。物质世界的运动是绝对的，而物质在运动过程中又有某种暂时的静止，静止是相对的。静止是物质运动在一定条件下的稳定状态。运动的绝对性体现了物质运动的变动性、无条件性。静止的相对性，体现了物质运动的稳定性、有条件性。

物质世界的时空存在形式。时间是指物质运动的持续性、顺序性，特点是一维性；空间是指物质运动的广延性、伸张性，特点是三维性。时间和空间是物质运动的存在形式。物质运动与时间和空间的不可分割证明了时间和空间的客观性。物质运动总是在一定的时间和空间中进行的，没有离开物质运动的"纯粹"时间和空间，也没有离开时间和空间的物质运动。一切运动都以时间、地点、条件为转移。

2. 意识是物质世界长期发展的产物

人类通过社会实践的方式同自然界发生着关系，创造着历史，人不仅能认识世界，还能够改造世界。人与自然界是一种认识与被认识、改造与被改造的关系。人们在实践之前必须认真思考，提出明确的计划、方案，才能把事情做好。无目的、无计划的行动，在实践中总会有这样或那样的挫折。

意识是人所特有的精神活动，它包括感性、理性的认识形式和情感、意志等复杂的心理形式。关于意识的起源问题，长期以来是自然科学和哲学上的重大课题。辩证唯物主义认为，意识不是从来就有的，它是物质世界长期发展所产生的高级现象。意识是社会劳动的产物，劳动为意识的产生和发展提供了客观需要和可能，在人们的劳动和交往中形成的语言促进了意识的发展。劳动和语言的推动促使了思维的器官——人脑的最终形成。

意识是人脑的机能,人脑是通过内在的生理机制来进行意识活动的。辩证唯物主义批评了唯心主义否认意识是人脑机能的错误观念,同时也批判了庸俗唯物主义把意识混同为物质的错误观点。庸俗唯物主义把意识看成人脑分泌出来的特殊物质,其错误在于取消了物质和意识的区别,对唯物论作了庸俗的解释。其实意识并不是物质,而只是人脑的机能。意识活动同人脑的生理过程分不开,人脑是意识的物质基础,意识是人脑的机能和属性。

意识是客观世界的主观映像。尽管我们说意识是人脑的机能,没有人脑就没有意识,但只有人脑还不能产生意识,因为人脑是意识的器官,而不是意识的源泉。人脑产生意识如同工厂生产产品,工厂生产产品需要原材料,人脑生产意识的原材料就是客观世界。如果没有原材料,再好的工人和设备也生产不出产品来。意识对外部世界的反映不是机械的照镜子式的反映,而是带有主动创造性的反映。意识从其本质来看是物质世界的主观映像,是客观内容和主观形式的统一。

3.世界的物质统一性

世界是物质世界,物质世界永远按照自身固有的规律运动发展,不存在独立于物质的精神世界。物质世界所发生的一切过程都是由物质的原因所引起的,并且各个过程是相互联系统一的。自然界和人类社会在内的整个世界,其真正统一性在于它的物质性。世界物质统一性原理是马克思主义关于世界本质问题的一个基本原理。这一原理的内容包括:其一,世界是统一的,即世界的本原是一个;其二,世界的统一性在于它的物质性,即世界统一的基础是物质,而不是某种"始基"的物;其三,物质世界的统一性是多样性的统一,而不是单一的无差别的统一。这个原理还说明:世界上的一切事物和现象,包括意识现象,归根到底都是物质的表现形态或物质的属性和存在形式;世界上的一切发展、变化和过程都是物质运动的具体表现,其原因在物质世界自身。

(二)世界的联系和发展

1.世界的普遍联系与变化发展

联系是指事物内部各要素之间和事物之间相互影响、相互制约和相互作用的关系。联系具有如下特点:首先,联系具有客观性,事物的联系是事物本身所固有的,不是主观臆造的。其次,联系具有普遍性,任何事物都具有内在的结构性,任何事物都不能孤立存在,都同其他事物处于一定的相互联系之中,整个世界是相互联系的统一整体,每一事物都是世界普遍联系中的一个成分或环节。世界的普遍联系是世界物质统一性的内在体现。最后，联系具有多样性，世界上的事物是多样的，因而事物的联系也是多样的。事物的相互联系包含着事物的相互作用，而相互作用必然导致事物的运动、变化和发展。事物之间相互作用的结果，使事物原有的状态或性质发生不同程度的变化，概括一切形式的变化就是运动，运动变化的基本趋势是发展。

唯物辩证法还认为任何事物都处在永恒的发展变化中，而量变和质变是事物发展变化的两种状态。在哲学上，量变是事物在原有质的基础上，在度的范围内，微小的、不显著的变化。事物显著的、根本性质的变化，叫作质变。质变突破了度的范围。质变表现为急剧的、显著的变化，是事物连续过程的中断。在量变阶段，事物的根本性质没有改变；而质变则是事物根本性质的改变，是由一种性质的事物向另一种性质的事物的根本转变。区别量变和质变的根本标志在于事物的变化是否超出度的范围，在度的范围内的变化是量变，超出度的范围的变化是质变。

2.联系和发展的基本范畴

联系与发展是通过一系列基本环节得以实现的。作为从总体上研究普遍联系和运动发展的学说，唯物辩证法揭示了这一系列基本环节。这就是内容与形式、本质与现象、原因与结果、必然与偶然、现实与可能之间的辩证关系。内容与形式、本质与现象、原因与结果、必然与偶然、现实与可能因此也就成为唯物辩证法的基本范畴。

3.辩证唯物法是关于联系发展的科学

马克思主义哲学的辩证法是唯物辩证法，普遍联系的观点和变化发展的观点是唯物辩证法的基本观点，它是用联系的观点和发展的观点看待世界。唯物辩证法是与形而上学对立的发展观，主要表现在以下三方面：第一，辩证法用联系的观点看世界，形而上学则用孤立的观点看世界。第二，辩证法用发展变化的观点看世界，形而上学则用静止不变的观点看世界。第三，辩证法主张矛盾是事物发展的动力，形而上学则否认矛盾的存在。

（三）联系与发展的基本规律

所谓规律是指物质运动过程中所固有的客观的必然的稳定的联系。不管你认识它也罢，不认识它也罢，喜欢它也罢，不喜欢它也罢，它总是存在着，并且以不可抗拒的力量发生作用。规律不是主观想象的联系，而是事物本身固有的联系；不是现象的联系，而是本质的联系；不是偶然的联系，而是必然的联系。唯物辩证法的基本规律包括：对立统一规律、质量互变规律和否定之否定规律。

1.对立统一规律

对立统一规律，又称矛盾规律。矛盾是反映事物内部或事物之间的对立和统一关系的哲学范畴。马克思主义的唯物辩证法认为矛盾是指事物或事物之间的对立和统一及其关系。简言之，矛盾即对立统一。对立统一是自然界、人类社会和思维中的普遍现象，世界上的一切事物都包含着矛盾，但不同事物的矛盾又千差万别，各有自己的特点。

矛盾的两种基本属性是同一性和斗争性。同一性是指矛盾双方相互依存、相互贯通的性质和趋势，矛盾着的对立面相互依存、互为存在的前提是共处于一个统一体中；矛盾的对立面之间又相互贯通，在一定条件下相互转化。斗争性是指矛盾着的对立面之间相互排斥、相互分离的性质和趋势。矛盾斗争性具有丰富的内容和多样的形式。既然任何矛盾都包含两个方面而不是一个方面，那么，全面地看待事物，就要掌握两点论的分析方法，即对任何事物都要坚持两分法，既要看到矛盾的一个方面，也要看到矛盾的另一个方面。在认识和实践中，要把矛盾的同一性和斗争性结合起来，学会在对立中把握同一，在同一中把握对立。如果看问题看一个方面，丢掉或否认另一个方面，就叫一点论。一点论是形而上学片面地看问题的方法。我们反对只见同一不见对立，或只见对立不见同一的形而上学的观点。

矛盾既有普遍性又有特殊性。矛盾的普遍性是指矛盾存在于一切事物的发展过程中，每一事物的发展过程中都存在着自始至终的矛盾运动，即所谓矛盾无处不在、无时不有。承认矛盾的普遍性是一切科学认识的首要前提。矛盾的特殊性是指具体事物在其运动中的矛盾及每一矛盾的各个方面都有其特点，具体表现为三种情形：一是，不同事物的矛盾各有其特点；二是，同一事物的矛盾在不同发展过程和发展阶段各有不同特点；三是，构成事物的诸多矛盾以及每一矛盾的不同方面各有不同的性质、地位和作用。在矛盾群中又存在着根本矛盾和非根本矛盾、主要矛盾和次要矛盾。

2.质量互变规律

事物的矛盾运动推动着物质从量变到质变。量变与质变是事物变化的两种基本状态或形式。发展的实质是新事物的产生与旧事物的灭亡，也就是事物的质变。质变是量变合乎规律的结果，同时又是新的量变的开端。量变与质变的相互交替、相互过渡、相互转化构成质量互变规律。

3.否定之否定规律

质变意味着新事物的产生与旧事物的灭亡，表明新事物对旧事物的否定是一种自我否定。任何事物内部都包含着肯定的方面与否定的方面，由于矛盾双方的相互作用，当否定的方面由被支配地位上升为支配地位，事物便转化为自己的对立面，由肯定达到对自身的否定，而后，再由否定进到新的肯定，即否定之否定。这样，事物便显示出自己发展自己的完整过程。

（四）实践与认识

马克思主义哲学不仅研究物质世界的本质及其联系、发展的一般规律，而且把实践的观点和唯物辩证法引入人的认识范畴，揭示了人类认识活动发生发展的过程、本质和规律，创立了马克思主义哲学的认识论。

1.实践的本质与类型

实践作为人的活动方式，很早就引起哲学家们的关注。马克思在哲学史上第一次把物质生产看作首要的实践形式，并把实践提升到人特有的存在方式的高度。首先，实践是人的生存基础；其次，实践是人意识活动的基础；最后，实践是人的社会关系的基础。马克思以物质生产为首要形式的实践构成了人特有的存在方式。

马克思主义哲学创始人从不同方面对实践的本质所作的规定，概括起来就是：实践是人能动地改造世界的社会性的物质活动。实践既是客观性活动，又是人的主观能动性活动。客观性活动不仅受到人的能动性的支配，还受到社会历史条件的制约；反过来，人的能动性的发挥和实现，依赖于人的客观性活动和一定的社会历史条件。

实践是实践的主体与客体之间的相互作用，这种相互作用必须借助一定的手段、工具，即实践的中介。实践的主体、客体和中介是实践活动的三项基本要素，三者的相互关系构成实践的基本结构。实践的形式是多种多样的，从内容上看，实践包括生产实践、处理社会关系的实践以及科学实验活动。

2.认识的本质

实践是认识的基础，认识依赖于实践。这是必须始终坚持的马克思主义认识论的理论前提。马克思主义认识论认为，认识是人们在实践的基础上对客观世界的能动反映。认识的本质是在实践基础上主体对客体的能动反映。

实践在认识活动中处于基础地位，主要表现在以下几个方面：实践是认识的来源，实践是推动认识发展的动力，实践是检验认识真理性的标准，实践是认识的目的。同时，马克思主义哲学并不否认认识对实践的相对独立性，认识的发生和发展有其自身独特的规律，认识对实践具有能动的指导作用。

3. 认识的辩证运动

人类的认识运动过程，始终贯穿着实践和认识的矛盾运动，正是这一认识基本矛盾的不断产生又不断解决，推动着人类认识由低级向高级发展。认识的辩证运动过程，首先，是由实践到认识的运动，并在实践的基础上实现从感性认识到理性认识的能动飞跃；其次，还要由理性认识再回到实践中去，从而完成更为重要的又一次飞跃。人们对客观世界的认识是一个不断向前推移的曲折复杂的过程，这个过程不只是从实践到认识和从认识到实践的两次飞跃，而是表现为认识过程的不断反复和无限发展。

认识的根本任务是经过感性认识上升到理性认识，透过现象抓住事物的本质和规律。感性认识是认识的初级阶段，理性认识是认识的高级阶段。所谓感性认识，就是人们在实践中凭借感官，直接把客观事物所显示的各种信息传递到大脑皮层，形成客观事物的具体映像。感性认识的基本形式有感觉、知觉和表象，具有具体性、形象性和直接性的特点，反映的是事物的表面特征和外部联系，因而又是有局限性的。理性认识是在感性认识的基础上借助思维而形成的对事物的本质和内部联系的反映。理性认识的基本形式有概念、判断和推理，具有间接性、抽象性的特点。理性认识依赖于感性认识，感性认识有待于上升到理性认识。感性认识虽然是认识过程的必经阶段，但它形成的认识成果是初级的，还不能反映事物的本质。认识的真正任务，是经过感性认识上升到理性认识，也就是由对事物现象的认识上升到对事物本质和规律的认识。

4. 辩证思维的基本方法

人为什么能把感性认识上升到理性认识，从而能够透过现象把握事物的本质和规律？因为人有理性思维的能力，能够形成概念，进而运用它进行判断、推理。概念、判断、推理是逻辑思维的基本方法，它们在人的认识过程中起着十分重要的作用。在运用概念作出判断、进行推理的过程中，还需要归纳和演绎、分析和综合等。归纳是从个别上升到一般的思维方法。演绎是由一般性的原则得出个别性结论的方法。归纳和演绎是人们认识事物的两种相反的思维运动。分析是把整体分解为各个部分、方面、要素，以便逐个加以研究的思维方法。综合是在思维中把认识对象的各个部分、方面、特性和因素的认识联结起来，形成对客观对象整体认识的过程。

（五）真理和价值

1. 真理是标志主观和客观相符合的哲学范畴

马克思主义哲学从物质第一性、意识第二性的唯物主义基本前提出发，认为真理是标志主观和客观相符合的哲学范畴，是人们对于客观事物及其规律的正确反映。在辩证唯物主义看来，首先真理是客观的，人们认识的内容只能来自客观世界，任何真理都具有客观性，都是客观真理。其次真理又是发展的，人的认识所面对的客观世界是一个无限的过程，社会实践作为认识基础，也是一个由低级到高级的历史发展过程。人类在实践基础上的真理性认识也就不可能是僵化、凝固的，它必然是一个越来越全面、越来越深刻地反映客体的发展过程。

2.实践是检验真理的唯一标准

马克思在《关于费尔巴哈的提纲》中就明确地指出：只有实践才是检验认识真理性的标准。而后，马克思主义的经典作家们都反复强调和进一步发挥这一基本观点，指出检验真理的标准只能是社会实践。坚持实践是检验真理的唯一标准，这是由真理的本性和实践的特点决定的。首先，从真理的本性看，真理是主观同客观相符合的认识。它本身就要求把主观和客观联系起来进行对照，检验二者是否相一致。如果只停留在主观范围内则无法判明主观和客观是否相一致。同样，客观事物仅仅是认识的对象，它本身也不能回答某种认识是否和它相一致。因此，只有通过实践将主观和客观联系起来加以对照，才能确定认识的真理性。其次，从实践的特点看，实践是主观见之于客观的物质性活动。实践一方面受主观认识的指导，一方面又改造或变革客观世界，在主观与客观之间起着桥梁的作用，人们可以用实践的客观结果来检验认识是否符合客观实际。

3.价值和价值评价

哲学意义上的价值是揭示外部客观世界对于满足人的需要的意义关系的范畴，是指具有特定属性的客体对于主体需要的意义。价值的本质是一种关系，是主体和客体在实践和认识关系中存在着的一种特殊关系。实践是价值关系形成的基础。主体和客体的价值关系是在实践中实现的。正是通过实践活动，一方面，客体按照主体的需要和要求发生结构和形式上的变化；另一方面，客体从客观对象的存在形式转化为主体生命结构的因素或主体本质力量的因素，变成主体的一部分。实践在改变客体存在形式的同时，实现了主体的预期目的，满足了主体的需要，使主客体的价值关系由潜在成为现实。

评价是一种特殊的观念活动，人们通过评价来揭示和把握价值。价值评价是人的意识对主体与客体之间实际的价值关系的能动性反映，它所反映的是主体需要与客体属性之间的联系。人们进行价值评价自然离不开评价尺度，正如没有尺子就根本无法衡量一个事物的长度一样。评价尺度，又称为评价标准，是主体评价客体有无价值以及价值大小的尺度，其本质规定就是主体的需要。由于价值评价使用的是主体内在尺度，即主体的利益和需要，因此价值评价具有相对性或多元性。每个人、每个阶级、每个政党组织都在一定的价值观念指导下，从自身的利益和需要出发，去理解和评价客体的价值。面对同一客体，不同的主体从不同的利益和需要出发，会做出截然不同的价值评价。

4.价值观与社会主义核心价值观

价值观是人们关于价值的根本观点。价值评价标准在评价活动中起着极其重要的作用，是价值观的实质内容。人们在长期的价值评价和实践过程中会形成一定的价值观，它是世界观和人生观的重要组成部分，具有重要的社会功能。价值观存在着先进与落后、积极与消极之分，在现代社会多样化价值观冲突中，人们需要选择和树立正确的价值观，社会主义社会需要建设先进的核心价值体系。

不同的民族、国家的自然条件和发展历程不同也各有特点。一个民族、一个国家的核心价值观必须同该民族、国家的历史文化相契合，同该民族、国家的人民正在进行的奋斗相结合，同该民族、国家需要解决的时代问题相适应。社会主义社会有着自己的核心价值观，即社会主义核心价值观。社会主义核心价值观表现为社会主义根本的价值理想、价值原则和价值规范。富强、民主、文明、和谐，自由、平等、公正、法治，爱国、敬业、诚信、友善，是社会主义核心价值观的基本内容。其中，富强、民主、文明、和谐是国家层面的价值要求，自由、平等、公正、法治是社会层面的价值要求，爱国、敬业、诚信、友善是公民层面的价值要求。社会主义核心价值观实际上回答了我们要建设什么样的国家、建设什么样的社会、培育什么样的公民的重大问题。它把涉及国家、社会、公民的价值要求融为一体，既体现了社会主义本质要求，继承了中华优秀传统文化，也吸收了世界文明有益成果，体现了时代精神。培育和践行社会主义核心价值观，需要通过中国优秀传统文化来涵养，需要通过制度来保障，需要通过实践来养成。

（六）社会的本质及动力

1.社会的本质是实践

马克思主义认为，人类社会是物质的一种高级形式，社会生活在本质上是实践的，即实践才是社会的本质。物质生产实践活动是理解人类社会本质的钥匙。物质生产实践是社会存在和发展的基础，对人类社会的产生、存在和发展起着决定性作用。

人类社会要生存发展下去，必须依赖一定的物质生活条件。这些物质生活条件统称为社会存在。社会存在包括地理环境、人口因素和物质资料的生产方式，它们在社会发展中都有重要作用。

2.社会的基本结构

社会结构是指各种社会要素之间的联结方式和构成方式。作为一种组织方式和联系网络，社会结构的内容就是人与人之间错综复杂的社会关系的总和。社会结构可以分为社会经济结构、社会政治结构和社会意识结构。

社会经济结构是指一定社会的与生产力发展相适应的生产关系的总和。它是整个社会有机体最基本的结构，本身又以生产力为基础。认真分析人们的生产实践，就会看到人们在生产实践中要发生两个方面的关系：一方面是人们在生产中同自然界的关系，另一方面是人与人的关系。这两方面的关系就是生产力和生产关系。生产力是在物质生产活动即劳动中形成的，是人类征服、改造和利用自然、使其适应人类社会需要的客观物质力量，它体现的是生产过程中人与自然之间的关系。生产力的基本要素包括劳动者、劳动资料和劳动对象。生产力是社会存在中最活跃、最革命的因素，处于经常不断的发展变化中。生产关系就是在生产活动过程中形成的人与人之间的关系。生产关系包括三个方面的内容：一是生产资料所有制形式，即土地、工厂、矿山、铁路等生产资料归谁所有，由谁支配；二是人们在生产中的地位和相互关系，即人们是平等互助的关系，还是剥削与被剥削的关系；三是产品分配形式，即人们如何取得财富、取得多少等。这三个方面是相互联系、相互制约的。其中，生产资料所有制形式起着决定作用，是整个生产关系的基础，同时其他两项内容对生产资料所有制形式也有重要影响和制约作用。

社会的政治结构就其内容来说就是人们之间的政治关系，是人们政治生活、政治交往的产物。政治结构以经济结构为基础并给予经济结构巨大的反作用。社会政治结构由政治、法律制度及其设施构成。政治制度包括国家的组织形式、管理形式以及选举制度、人们行使政治权利的制度。法律制度是国家制定法律、执行法律和遵守法律的各项制度等。政治设施包括军队、警察、法庭、监狱、政府机构等国家机器以及与此相联系的一整套政治组织、社会团体组织等。

社会的意识结构指社会的精神生活过程，它由诸多层次和因素构成。从反映社会存在的程度和特点来看，社会意识包括社会心理和思想体系两个层次；从主体范围来看，社会意识可以分为个体意识和群体意识。社会心理是指特定的阶级、民族、社会集团或其他特定环境中的人群，在日常生活和交往中自发形成的不定型、不系统的社会意识，表现在人们的情感、情绪、愿望、要求、风俗、习惯、传统、自发倾向和社会风气等等之中。社会心理是社会意识的低级层次；思想体系是社会意识的高级层次，也称社会意识形式。各种思想体系由于对经济基础的关系不同和反映社会存在的方式不同，又可以分为两类：一类是属于意识形态范围的思想体系，包括政治、法律、道德、宗教、艺术、哲学和绝大部分社会科学，它们是上层建筑的重要组成部分；另一类是属于非意识形态范围的思想体系，包括自然科学、语言学、逻辑学等等，它们不属于上层建筑，其自身没有阶级性，可以为各个阶级和各种制度服务。艺术是用形象表达人们对社会生活的理解，表达人生的情感体验和价值追求的意识形态，包含戏剧、绘画、雕塑、音乐、舞蹈、电影等，其特点就在于具体的形象性。在现代社会，随着广播、电影、电视、报纸、杂志、广告等大众传播媒介的日益发达，丰富多彩的艺术作品纷纷闯入人们的日常生活世界，成为人们情感世界和闲暇时间满足精神需求不可或缺的要素。

3. 社会发展的基本动力

唯物史观认为，人类社会是一个自然的历史发展过程。在人类社会发展的动力系统中，生产力和生产关系是最基本的矛盾。所谓基本矛盾，就是贯穿人类社会始终的根本矛盾，具有本原性和持续性。生产力决定生产关系，生产力的状况决定生产关系的性质，生产力的发展决定了生产关系的变化和发展，生产力是最活跃、最革命的因素。生产关系是适应生产力的发展要求而建立起来的，有什么样的生产力就会有什么样的生产关系。

除了生产力与生产关系的矛盾之外，还包括经济基础与上层建筑的矛盾。经济基础是指同生产力一定发展阶段相适应的生产关系的总和，一定社会的经济基础即是该社会的经济制度。经济基础是社会关系中的物质关系，即经济关系，它是构成全部社会关系的基础。上层建筑是指建立在一定经济基础之上的社会意识形态以及与之相适应的政治、法律制度等。上层建筑作为庞杂的系统，又是由两大部分组成的：一部分是制度和设施，如政治、法律制度和军队、警察、监狱、法庭、政府等设施，这部分上层建筑体现了人们之间的政治关系，通常称为政治上层建筑；另一部分是社会意识形态，这部分体现了人们之间的思想关系，通常称为观念上层建筑。经济基础与上层建筑之间是辩证统一的关系，两者相互作用，构成了一定社会形态内部的矛盾运动，在其相互作用中，经济基础居于主导地位，对上层建筑起着决定作用；同时，上层建筑对经济基础又有反作用。

阶级斗争是阶级社会发展的直接动力。阶级斗争对阶级社会发展的推动作用首先表现在社会形态的更替中，还表现在同一社会形态的量变过程中。更重要的是，阶级斗争的历史作用还表现在从阶级社会向无阶级社会的过渡中。

阶级斗争发展到一定程度必然引起社会革命。社会革命是社会发展中的必然现象，是整个社会制度的根本变革，从旧的社会形态向新的社会形态的转变总是通过社会革命实现的。社会革命是一系列客观和主观条件相互作用的结果，从广义上说，革命就是从根本上改变某一事物、某一领域。在这个意义上，社会革命不仅包括政治革命，而且包括经济革命、文化革命、科技革命。社会主义革命将为消除阶级对抗，充分利用全人类的文明成果，促进社会全面进步和人的全面发展创造条件。中国的社会主义改革是一场广泛而深刻的伟大变革，从性质上看，它是社会主义制度的自我完善和自我发展；但从其广泛性和深刻性而言，则可以说是一场伟大的革命。新时代中国特色社会主义是我们党领导人民进行伟大革命的成果，必须一以贯之进行下去，将革命进行到底。

科学技术是社会发展的巨大杠杆。科学技术能够推动生产力的发展，促进生产关系及其生产结构的变革，促进人们思想的解放和观念的更新，推动社会精神文明的发展。科学技术是第一生产力。

4.人民群众在社会发展中的作用

在马克思主义哲学产生之前，唯心主义的英雄史观长期占据支配地位。与此相反，历史唯物主义从生产力决定社会发展的基本观点出发，科学地回答了人民群众在社会历史发展中的地位和作用问题。在人类历史进程中，人民群众的活动构成整个社会生活的基础。从量的规定性上看，人民群众是社会成员中的绝大多数。在任何时候，劳动人民都是人民群众的主要成员。从质的规定性上看，人民群众是推动历史前进的社会力量。

知识拓展

人民群众是一个历史的范畴。在阶级社会的不同历史时期以及同一时期的不同国家和地区，由于社会形态、阶级结构和社会发展的具体进程不同，人民群众有不同的内容。人民群众作为社会生产的直接承担者，是历史的创造者，是社会变革的决定性力量，其决定作用主要表现在以下三个方面：首先，人民群众是社会物质财富的创造者；其次，人民群众是精神财富的创造者；最后，人民群众是变革社会的决定力量。

人民群众是精神财富的创造者。人民群众的物质生产以及其他实践活动，为科学和文化的创作提供了取之不尽、用之不竭的原始素材。人民群众将他们在历史发展过程中所创造的生动丰富的语言提供给了科学和文化工作者。人民群众的需要也是科学和文化事业发展的强大动力和广阔市场。一切优秀的科学和文艺作品都是对人民群众实际生活的反映和对他们实践经验的总结，而脱离人民群众的科学、文艺作品则只能是苍白的、病态的、没有生命力的。习近平总书记也强调"人民是文艺创作的源头活水，一旦离开人民，文艺就会变成无根的浮萍、无病的呻吟、无魂的躯壳"。

人民群众对精神财富的创造，突出地表现在他们对生活素材进行加工而提供的丰富的初成品。大量文艺作品，如民歌、民间故事以至文学名著等，都凝结着人民的辛劳和智慧。在人民群众中，还涌现出不少伟大的艺术家，他们对人类文化的发展作出了重大的贡献。不仅如此，处在不同历史阶段和历史时期的脑力劳动者、知识分子绝大部分也属于人民群众的范围。他们的作品促进了人们对世界认识的深入和扩大，在一定程度上反映了劳动群众的实践、生活和喜怒哀乐，或多或少表达了劳动人民的利益和要求，对社会发展起到了推动作用。在当代社会中，脑力劳动者在人民群众中所占的比例日益提高，从而也日益显示出人民群众在直接创造社会精神财富方面的历史作用。

5. 个人的历史作用

历史唯物主义肯定人民群众是历史创造活动的主体，但并不因此抹杀个人在历史发展过程中的作用。坚持历史唯物主义的群众史观，要正确地处理历史活动中群体和个体之间的关系，科学地理解普通个人、历史人物和杰出人物在社会发展中的作用。历史唯物主义关于人民群众创造历史的观点、关于个人在历史上作用的观点，既是科学的历史观，也是科学的方法论。由于历史人物是一定阶级的代表，是一定历史条件的产物，并且是在不断变化着的、具体的条件下能动地表现自己的，所以评价历史人物，必须坚持阶级分析的方法、历史分析的方法和辩证分析的方法。我们要以科学的态度和科学的方法对历史人物作出分析和评价。

6. 群众、阶级、政党、领袖的关系

随着历史活动的深入，人民群众的组织方式和发挥作用的方式也会经历不同的变化。从总的趋势来看，人民群众要更好地发挥创造历史的作用，必须有效地组织起来；而要有效地组织起来，必须正确处理好群众、阶级、政党、领袖的关系。

群众是划分为阶级的，阶级通常是由政党领导的，政党是由领袖来主持的。群众、阶级、政党、领袖的相互关系是四者之间依次递进和内在需要的关系，这一关系充分反映出人民群众在历史活动中越来越需要先进的阶级及其政党和领袖的领导，显示出群众、阶级对政党、领袖的客观要求。伴随历史的深入发展，这种关系不断得到强化。要使群众的历史活动能够顺利地开展下去，必须有政党和领袖的正确领导；政党、领袖则必须能够代表历史活动的方向并维护群众、阶级的利益。在社会主义发展过程中，人民群众活动和运动的成败，实际上都与能否正确解决群众、阶级、政党、领袖的相互关系密切相关。对于政党、领袖来说，只有将这几方面的关系处理好，才能成功地领导人民群众进行历史创造，推动历史前进。

正确认识和评价无产阶级领袖的作用，对于正确解决领袖与人民群众的关系，顺利

推进社会主义事业至关重要。无产阶级领袖的威信是在群众的长期实践活动中形成的。无产阶级和人民群众所取得的每一个伟大胜利，都是和无产阶级领袖的杰出贡献分不开的，他们必然会在群众中享有崇高的威望，受到群众的爱戴。形成坚强有力的领袖作用，树立和维护领袖的核心地位，是中国共产党历史上十分宝贵的成功经验。否定一切权威，否认政党、领袖的重要作用，必然给群众的事业造成重大危害。对领袖的尊敬与盲目的个人崇拜不同。根据唯物史观，承认领袖的重要作用与反对个人崇拜是统一的。

（七）人类解放和人的自由全面发展

实现无产阶级和人类的解放是马克思主义哲学的主题。

1. 社会发展与人的发展

社会发展是由人的实践活动推动的，社会发展史就是人类活动发展史。社会发展不是通常意义上的运动、变化，也不是自然界发展在社会领域的简单延伸，而是具有价值内涵的前进、上升运动，是人类在创造、实现自身价值的实践中所引起的社会生活各方面的进步过程。社会发展是人的自我创造活动，是一种由低级到高级的前进性、上升性运动，也包含着价值理想的历史运动。马克思主义哲学研究社会发展，始终同对人类命运的深刻关怀联系在一起。

社会发展的实质是人的发展，社会发展应当坚持以人为本。重视人的地位和价值，也是马克思主义社会发展理论的内在要求和重要原则。人在社会发展中的地位和作用在于：其一，人是社会发展的主体；其二，人是社会发展的推动力量；其三，人是社会发展的根本目的。

2. 人的发展与人的自由

人的发展与人的自由是不可分割的。人追求自由的过程，也就是人的发展过程；自由的不断实现，也就是人的不断发展。人的自由就是在活动中通过认识和利用必然所表现出的一种自觉、自为、自主的状态。自由实现的程度同人的认识与实践水平相一致。

马克思主义认为，时间是人的发展的空间。其原因就在于：自由时间的多少直接决定着人的发展空间的大小。人的活动时间是由两部分构成的：一部分是必要劳动时间，另一部分是自由时间。必要劳动时间是为维持劳动力所必需的生活必需品所化费的时间。自由时间是在必要劳动时间之外可供人自由支配的时间，是直接用于个人自由发展的时间。直接决定人的发展空间大小的是自由时间的多少。

马克思认为，艺术是存在于"自由时间"中的一种活动。就个人来说，自由时间的扩大等于提供了一个新的自由发展的舞台，舞台越大，发展的可能性也就越大。由于生产力发展为所有的人腾出了自由时间和创造了手段，个人可以在科学、艺术等方面得到发展。就社会来说，整个人类的发展，就其超出对人的自然存在直接需要的发展来说，无非是对这种自由时间的运用，并且整个人类发展的前提就是把这种自由时间的运用作为必要的基础。有了更多的自由时间，才有人类能力的全面发展，才有整个艺术和文明的更大进步。

3. 人的发展与人类解放

实现人的自由而全面的发展，是马克思主义追求的根本价值目标，也是共产主义社会的根本特征。人类解放就是要使整个人类实现真正的平等、自由，使每个人得到自由全面的发展。实现人类解放，关键是要实现无产阶级解放。如果无产阶级不能得到真正解放，人类解放就不过是一个空洞的口号。无产阶级解放同整个人类解放是完全一致的。

在共产主义社会，人的发展是自由的发展，是建立在个体高度自由自觉基础上的发展，而不是强迫的发展。共产主义是人类解放的实现，那时人类将最终从支配他们生活和命运的异己力量中解放出来，实现从必然王国向自由王国的飞跃，开始自觉地创造自己的历史。

三、马克思主义中国化时代化历程及其哲学贡献

中国共产党自建立以来，就非常重视马克思主义中国化时代化的工作，强调马克思主义与中国具体实际、中华优秀传统文化相结合，不断赋予马克思主义以中国特色、中国风格、中国气派。

（一）毛泽东思想的哲学贡献

毛泽东第一次鲜明提出了马克思主义中国化这一重大命题。毛泽东哲学思想是马克思主义普遍真理同中国革命具体实践相结合的经验的哲学总结和概括，是在同否认这种结合的主观主义特别是教条主义的斗争中产生和发展起来的。它对"结合"的必要性作了充分的哲学论证，对实现"结合"的方法作了系统的阐述。

毛泽东哲学思想是整个毛泽东思想的哲学基础，是贯穿于毛泽东思想组成部分的活的灵魂，是具有中国共产党人特色的马克思主义立场、观点和方法。毛泽东思想的哲学理论贡献突出表现在实事求是、群众路线与独立自主三个方面。《实践论》和《矛

论》，这两部著作是马克思主义普遍真理同中国革命具体实践相结合的经验的哲学总结，是马克思主义中国化的重要哲学基础，在毛泽东哲学思想发展史上具有里程碑的意义。《实践论》从认识论的高度批判了党内的教条主义和经验主义，对社会实践在认识过程中的基础地位和以实践为基础的认识发展规律作了系统阐述，丰富和发展了马克思主义认识论。《矛盾论》从辩证法的高度批判了党内教条主义和经验主义，系统阐述了唯物辩证法的根本规律——对立统一规律，创造性地提出矛盾的普遍性和特殊性的关系问题是矛盾问题"精髓"的科学思想，深刻论述了分析事物复杂矛盾的哲学方法，丰富和发展了马克思主义辩证法。

（二）邓小平理论、"三个代表"重要思想、科学发展观的哲学贡献

改革开放以来，中国共产党人在推进马克思主义中国化过程中，先后形成邓小平理论、"三个代表"重要思想、科学发展观等指导思想。它围绕什么是马克思主义、怎样对待马克思主义，什么是社会主义、怎样建设社会主义，建设什么样的党、怎样建设党，实现什么样的发展、怎样发展等基本问题，形成了一系列紧密联系、相互贯通的新思想、新观点、新论断，深化了对共产党执政规律、社会主义建设规律、人类社会发展规律的认识。邓小平理论、"三个代表"重要思想、科学发展观坚持和发展了马克思列宁主义、毛泽东思想，是马克思主义中国化的重大成果，是中国共产党宝贵的政治和精神财富，是全国各族人民团结奋斗的共同思想基础，是发展中国特色社会主义必须坚持的指导思想。

第一，坚持和发展了实践与认识辩证关系的原理，强调解放思想、实事求是、与时俱进、求真务实是邓小平理论、"三个代表"重要思想、科学发展观的精髓和灵魂。第二，坚持和发展了生产力是社会发展最终决定力量的原理，强调发展是解决中国一切问题的关键。第三，坚持和发展了人民是历史主体的原理，强调以人为本是中国特色社会主义的根本出发点和落脚点。第四，坚持和发展了生产力和生产关系、经济基础和上层建筑相互作用的原理，强调改革开放是中国特色社会主义的必由之路，是推动经济社会发展的强大动力。

（三）习近平新时代中国特色社会主义思想的哲学贡献

习近平总书记坚持马克思主义哲学与中华传统哲学相结合，运用辩证唯物主义和历史唯物主义的哲学思维把握中国发展和世界发展的走向或趋势，不断回答中国之问、世

界之问、人民之问和时代之问，形成了指导新时代中国特色社会主义建设实践的哲学思想，开辟了马克思主义哲学在当代中国发展的新境界，实现了马克思主义哲学中国化时代化与中华优秀传统哲学新的结合和新的理论飞跃。

理解和把握习近平新时代中国特色社会主义思想的科学体系，最为根本的就是要理解其哲学贡献：一是具有深邃的历史视野。习近平总书记在深刻揭示社会主义初级阶段基本矛盾运动规律，敏锐把握社会主义现阶段主要矛盾的变化的基础上，作出了中国特色社会主义进入新时代的重大判断，进而以大历史观审视当今世界和中国，提出了"两个大局"观念，为提出治国理政战略策略提供了基本前提。二是具有强烈的问题意识。他着眼并着力于回答中国之问、时代之问。三是具有强烈的创新精神。围绕创新在经济社会发展中的重要作用，他提出了新发展阶段、新发展理念等一系列治国理政新思想新战略新理念。四是具有宏大的人民情怀。形成了以人民为中心的发展理念，确定了全过程人民民主的民主政治建设方向，提出了"江山就是人民、人民就是江山"等重大科学论断，使习近平新时代中国特色社会主义思想带有浓重的人民情怀、人民立场、人民色彩。五是具有善于认识和运用规律的理念。习近平总书记关于治国理政的新思想新理念新论断深化了对人类社会发展规律、社会主义建设规律和执政党建设规律的认识，深刻揭示了人与自然的关系，提出人与自然是生命共同体的重要判断、"绿水青山就是金山银山"理念和生态文明建设思想。六是具有科学的系统思维。习近平总书记坚持科学系统观，善于通过历史看现实，通过现象看本质，系统地把握全面与局部、当前与长远、宏观与微观、主要矛盾和次要矛盾、特殊和一般的关系，运用战略思维、历史思维、辩证思维、系统思维、创新思维、法治思维和底线思维观察和处理问题。习近平新时代中国特色社会主义思想蕴含了丰富的具有时代气息和中国特色的哲学理念和思维方法。习近平总书记灵活运用辩证唯物主义世界观和方法论，形成了具有鲜明中国特色的马克思主义哲学理论创新体系，实现了马克思主义哲学的新飞跃。

习近平新时代中国特色社会主义思想是坚持和运用马克思主义世界观方法论的典范，蕴含着丰富的马克思主义思想方法和工作方法，构成了习近平新时代中国特色社会主义思想的世界观和方法论，即习近平新时代中国特色社会主义思想的哲学思想。他提出和阐释了"六个必须坚持"，即必须坚持人民至上，必须坚持自信自立，必须坚持守正创新，必须坚持问题导向，必须坚持系统观念，必须坚持胸怀天下。"六个必须坚持"是习近平新时代中国特色社会主义思想的世界观和方法论的集中体现，是以习近平同志为核心的党中央从世界观和方法论的高度对新时代坚持和发展中国特色社会主义伟大实践经验的哲学概括，是习近平新时代中国特色社会主义思想的哲学精髓，是马克思主义世界观和方法论中国化时代化的最新表达，是马克思主义哲学中国化时代化的最新成果。高度重视学习和运用马克思主义哲学，在马克思主义哲学与中国具体实际的结合进程中，不断实现"第二个结合"，是我们党推进马克思主义中国化时代化的根本路径。在实现中华民族伟大复兴的新征程上，一定要重视哲学思维、善用哲学方法，不断书写改革开放历史新篇章，永续实现马克思主义哲学与中华优秀传统哲学相结合，自觉用中国化时代化的马克思主义哲学指导新的实践，为以中国式现代化全面推进中华民族伟大复兴提供有力理论支撑。[1]

课后思考题

1. 什么是世界观？什么是哲学？
2. 哲学的价值是什么？
3. 哲学的基本问题是什么？
4. 如何理解唯物主义与唯心主义？
5. 简述哲学的基本领域。
6. 简述中国哲学的历史演进。
7. 如何理解物质概念？如何理解意识？
8. 如何理解世界的物质统一性？
9. 如何理解物质世界的普遍联系和永恒发展？
10. 如何理解矛盾？
11. 认识的本质是什么？
12. 为什么说实践是检验真理的唯一标准？
13. 如何进行价值评价？
14. 社会的基本结构包括哪些内容？
15. 社会发展动力是什么？
16. 简述马克思主义中国化时代化历程及其哲学贡献。

课后思考题及答案

---

[1] 持续推进马克思主义哲学与中华优秀传统哲学相结合 不断实现马克思主义哲学中国化时代化 [J]. 马克思主义哲学，2023（5）：6-19.

第二章

走进艺术

> 艺术是什么,就像问哲学是什么,如千古之谜,众说纷纭。这样的问题也许要伴随我们几年的学校生活,甚至会伴随我们将来作为艺术工作者的一生。因为,一个专门从事艺术的艺术工作者、一个学习艺术的学生,都不得不面对、思考并努力回答这样一个问题。

本章思维导图

第一节　艺术的起源与本质

什么是艺术？是千百年来许多艺术家、理论家、思想家不懈探求的一个问题，也是踏入艺术院校大门的学子们都会产生的一个问题。古人吟诗、作画、看戏，现代人读小说、看电影、听音乐，认得诗中的每一个字，并不等于你读懂了诗的内涵。人们天天面对艺术，却并非人人都能理解艺术。

艺术是什么？艺术是对"行动中的人"的模仿，这是亚里士多德的古今同誉的界定；"美是理念的感性显现"，这是德国美学家黑格尔的著名定义；"艺术是对于真理的直感的观察，或者说是用形象来思维"，这是俄国文艺理论家别林斯基的著名概念；"在自己心里唤起曾经一度体验过的感情，在唤起这种感情之后，用动作、线条、色彩、声音，以及言词所表达的形象来传达出这种感情，使别人也能体验到这同样的感情——这就是艺术活动"，这是大文豪托尔斯泰的著名解说。那么艺术究竟是什么，我们还是得从艺术的起源开始谈起。

一、艺术的起源

在人类社会发展历史中，最初的艺术究竟是怎样产生的？自古以来，人们就试图回答这个问题。考古发现，人类最初的艺术活动始于上万年前的冰河期。由于年代的悠久，艺术起源的问题弥漫了一层神秘的色彩。早在人类社会发展的初期，处于蒙昧时期的人类就开始试图用神话传说来解释艺术的起源，于是，西方出现了文艺女神缪斯的神话，中国出现了夏禹的儿子启偷记天帝的音乐并带回人间的传说。当人类进入文明社会以后，随着物质生产和精神生产的不断发展，尤其是艺术的日益繁荣，使得历代的哲学家、美学家和文艺理论家们对艺术起源的问题从理论上进行了种种探索，产生了许多不同的解释，其中影响较大的主要有以下几种观点。

1. 模仿说

模仿说认为，艺术起源于人类对于自然或现实生活的模仿。这是一种关于艺术起源的最古老的理论观点，它在古希腊的哲学家中比较流行。

早期的人类艺术，特别是原始艺术中，绝大部分艺术作品都具有明显的"模仿"特点，如西班牙的阿尔塔米拉洞穴和法国的拉斯科克斯洞穴中发现的约两万年前旧石器时代的壁画，绘有的马、牛、猪、鹿、熊等动物形象和粗糙的人像，都是对现实生活中动物和人物各种神情姿态的模仿与记录。《管子》中认为，在"宫商角徵羽"五声中，凡听羽，就像鸟在书上，也认为音乐是模仿动物的声音而来的。模仿说肯定了艺术来源于客观的自然界和社会现实，其中包含着朴素唯物主义的观点，具有进步的和合理的内容。但是，这种说法只是触及了事物的表面，而没有揭示事物的本质。对于原始艺术来说，"模仿"更多的是一种手段，而不是目的。此外，这种说法还把"模仿"归结于人的本性，没有找到"模仿"背后的动机，因此，未能说明艺术起源的根本原因。

2. 游戏说

游戏说认为，艺术活动起源于人类所具有的游戏本能。一方面是人类具有过剩的精力；另一方面是由于人类可以将这种过剩的精力投入没有功利性的活动中，于是体现为一种自由的游戏。

游戏说具有合理因素，主要体现在它肯定了人们只有在满足衣食住行的基本物质生活需要的前提下才可能有过剩的精力来从事游戏即艺术活动。这种观点将艺术和"游戏"联系在一起，在某种程度上也揭示出了艺术的部分特殊性。必须指出，有人错误地把"游戏"看作人和动物共有的本能，事实上，艺术活动是人类社会所专有的，动物的"游戏"已归结为过剩精力的发泄，而人的"游戏"则是为了满足精神需要，二者之间有着本质区别。

3. 表现说

表现说认为，艺术起源于人类情感表现和交流的需要，意大利的克罗齐就是这一学说支持者，他提出的"直觉即表现"，为表现主义美学的核心命题。

表现说对西方现代社会的艺术活动产生了较大影响。艺术要表现情感，艺术家通过自己的作品向他人、向社会表现自己的思想和情感。但是，把艺术的起源归结为"表现"，脱离人类的社会实践，脱离原始社会生产力低下的实际情况，仍然是把现象当作本质，把结果当作原因，同样不能科学地阐明艺术的起源问题。

4. 巫术说

巫术说认为，艺术起源于原始民族的巫术仪式活动。这是近现代西方学术界比较有影响的理论之一。英国的爱德华·泰勒在他的《原始文化》中最早提出了艺术起源于"巫术"的主张。

我们发现无论中国和外国，早期的岩画中都体现出与原始巫术的深刻联系。在原始社会生产力水平低下和人类早期认识水平低下的情况下，人类无法把握自身，更无法支配自然界，于是便寄托于巫术，艺术的产生最初是与巫术有密切联系的。这种作为原始文化的图腾歌舞、巫术礼仪曾经延续了一个非常长的历史时期，比如良渚遗址中的"神徽"像，这些原始的艺术活动虽然具有明显的巫术动机或巫术目的，但原始时代的巫术活动是直接和当时原始人类的生产劳动密切联系在一起的，归根结底还是离不开人类的实践活动，尤其是物质生产活动。

5. 劳动说

劳动说认为，艺术产生的根本动力和原因，在于人类的实践活动，尤其是占主导地位的物质生产实践活动。中华人民共和国成立以来，尤其是在20世纪80年代改革开放之前，在我国文艺理论界占据绝对主导地位的理论，是认为艺术起源于生产劳动的理论。

人类早期的艺术活动是和劳动紧密结合在一起的，首先表现在他们本身就是劳动生产活动的一个组成部分，或者直接、间接地为生产劳动的目的服务，还表现在它所描写的内容上。劳动对艺术产生的重要作用，同样表现在艺术的形式方面，比如我国新石器时代晚期遗物山东大汶口出土的玉斧，就具有明显的审美特性，它不但加工精致、造型美观，而且这些美的感性形式具有了更多的独立意义，因为这种玉斧主要不是用于生产劳动，而是一种权力或神力的象征品了。最初的陶器是原始人用来盛水和盛粮食的，它作为生活用品，制作时首先考虑实用目的。但是到了后来，原始人在制作陶器时自觉地运用形式美的法则，在陶器的造型和装饰上体现出更多的自由创造和想象的成分，大部分文化遗址出土的彩陶制品，大都有鱼纹、鸟纹、蛙纹、花纹等动植物图形，有的还出现了从生活与自然中提炼概括出来的几何图形的纹饰。劳动创造了人，也为艺术的产生提供了前提，尤其是劳动工具的制造有着特殊的重要意义。生产劳动实践创造了艺术的主体——人，也为艺术的产生创造了前提。总之该学说认为，艺术最初是从生产劳动中萌芽和产生的，人类为自身生存和发展而进行的劳动是艺术产生的根源。劳动说以历史唯物主义理论为基础，肯定了物质生产实践在艺术产生过程中的决定作用。毫无疑问，从艺术发生学的观点看，生产劳动显然是艺术起源的根本原因。

6.多元说

多元说的观点是，艺术的发生经历了一个由实用到审美，以巫术为中介、以劳动为前提的漫长历史发展过程，原始人类模仿自然的本能、表现情感的需要、游戏的冲动也渗透其中，尤其是对于原始人来说原始巫术与原始生产劳动更是在其中发挥了决定性作用。艺术的起源应当是多因的，而不是单因的。归根结底，艺术的产生和发展是人类社会实践活动的必然产物。

应该这样认为，原始艺术与原始文化、原始宗教是相互融合在一起的，延续了相当长的一个历史时期。从这种意义上讲，艺术的起源应当是原始社会中一个相当漫长的历史过程。与此同时，原始人类模仿自然的本能、表现情感的需要和游戏的需要也渗透其中，在这个漫长的历史过程中，人们现在所理解的纯粹意义上的艺术才逐渐独立出来。

关于艺术起源的问题，除了上面提到的模仿说、游戏说、表现说、巫术说，尤其是劳动说、多元说等几种具有较大影响的理论外，还有其他许多说法。这些说法都从某一个角度或某一个侧面探讨了艺术起源的奥秘。人类最初的艺术活动可能就是由多种多样的因素促成的，各种原始艺术形式的出现，更是难以被归结为某种单一的原因。

所以，艺术的起源并不是某一个具体的日期，它或许是长达几万年的一个历史过程。原始人在从事雕刻、绘画、舞蹈时，并不是为了审美，而是如同他们在进行种植、狩猎、采集一样，同样具有实用和功利的目的，同样是在从事一种认真的实践活动。所以我们说，艺术产生于非艺术，实用价值先于审美价值，艺术起源于人类社会历史发展之中。

二、艺术的本质

人类不仅创造了艺术，而且能够欣赏艺术，在探求了艺术的起源之后，还须洞察艺术的全部奥秘，即揭示艺术的本质，发现和把握艺术发展的规律，从而进行真正的创作与欣赏。因此，在讨论艺术的诸多问题之前，我们还须回答艺术的本质是什么。这里所说的本质，是指事物的根本性质以及此事物同其他事物的内部联系。换句话说，所谓艺术的"本质"，就是艺术这种事物内部的一种规定性，这种规定性规定着艺术之所以是艺术，而不是什么其他的事物。

由于研究方法不同，历史上关于艺术本质的各种解释，大都是从单一的角度、单一的层面进行的，因此很难讲清楚艺术到底是什么。马克思主义基于它所创立的历史唯物主义和辩证唯物主义的科学立场、观点和方法，分别从艺术的社会本质、认识本质两个相互联系又相互渗透的层面，从多角度、多层面做综合的、整体的考察与把握，科学地揭示了艺术的本质和它发生发展的客观规律性。

（一）艺术的社会本质

1.艺术是一种社会意识形态，是经济基础的上层建筑

艺术首先不属于物质的社会关系，而属于思想的社会关系，是一种社会意识形态；它不属于社会的经济基础，而属于上层建筑，是建立在一定经济基础上的庞大的上层建筑的一个部门。这样，艺术在不同社会关系中的地位，以及它作为一种社会事物的基本性质和意义也就明确了。即是说，艺术是一种相对于物质关系的社会意识形态；是建立在一定经济基础之上，并从根本上说是为经济基础所决定的上层建筑，它反映经济基础，也反作用于经济基础。马克思主义关于艺术是社会意识形态，是一定经济基础的上层建筑的学说，是关于艺术基本性质的真正科学的论断，在美学与文艺理论发展史上开辟了一个新的时代。它不仅纠正了各种唯心主义艺术本质论的根本错误，而且纠正了旧唯物主义关于艺术的许多不正确的解释，从而使我们进一步探讨艺术的本质，有了科学的理论基础和正确的方法与方向。

当然，艺术又具有相对的独立性和特殊性。在特定的社会经济基础改变后，旧的艺术形态并不一定会随之消亡，还会在相当长的时期内发生影响，这就涉及优秀传统文化的继承与借鉴的问题了。但是从根本上和某种意义上说，任何形态的艺术，都是适应于一定的经济基础并为巩固和维护其经济基础服务。如果经济基础适合社会生产力发展的要求，艺术为它服务就具有积极的意义。我们的社会主义文艺是为社会主义经济基础所制约、所决定的，反过来又应为社会主义经济基础服务，为从根本上发展社会生产力、促进社会前进服务。这也正是艺术要"为人民服务，为社会主义服务"的真实含义。

2.艺术是一种特殊的社会意识形态

上面谈到，艺术以及其他各种不同形式的社会意识形态都是经济基础的反映并都最终反作用于经济基础，而且它们之间也都相互作用、相互影响——这是它们的共性。但它们又各有自己的特殊性。首先，各种不同形式的社会意识形态并不都是与经济基础处于相同的距离，并不是一种平行的关系；相反，它们在上层建筑中还分别处于不同的地位，各以自己特殊的地位和特殊的方式与经济基础发生关系。并且，它们相互之间的

作用、影响关系也不都是一样的，其作用和影响的程度和方式也都存在着差异。这个差异，突出体现在各种不同形式的社会意识形态同经济基础的不同距离上。有些意识形态同经济基础的距离非常近或比较近，它们同经济基础的关系非常密切或比较密切；而另一些意识形态同经济基础的距离则比较远或非常远，它们同经济基础的关系也不那么直接或密切。

由此可见，在各种不同形式的意识形态中，有些是"更高的""悬浮于空中的""更远离物质经济基础的"特殊的意识形态，包括宗教、哲学，以及艺术和文学等等；而另一些意识形态则属于前一类意识形态与经济基础之间的"中间环节"，即那些能直接反映经济基础并和经济基础关系非常密切或比较密切的意识形态，主要是政治、法律以及道德。艺术作为一种特殊的社会意识形态，与同样作为更高的、更远离经济基础的特殊社会意识形态的宗教、哲学之间，也有着相互影响、相互作用、相互渗透的关系。与为一定的社会经济基础通过政治、法律、道德等"中间环节"所决定的，并且它通过反映这些"中间环节"而反映经济基础，并反作用于经济基础。这样，艺术在社会中所处的位置就得到了进一步的确定。

3.艺术来源于社会生活，是社会生活的反映

艺术反映全面的社会生活。我们在更深一个层次上理解艺术的社会本质。第一，我们认识到，艺术是一种思想关系，思想关系是反映物质关系的，意识形态是反映经济基础的。第二，我们进一步认识到，作为特殊的意识形态的艺术不同于作为"中间环节"的其他意识形态。政治、法律、道德等是经济的直接反映或集中表现，却不能完全反映更高的特殊意识形态，只能是局部的或部分的社会生活的反映；而艺术却既可以反映经济基础，又可以反映政治、法律、道德等"中间环节"，而且还可以反映宗教、哲学等其他更高的特殊意识形态，是全面的社会生活的反映。第三，我们还由此隐约看到，在反映全面的社会生活这一点上，艺术与宗教、哲学等其他更高的、更远离经济基础的特殊意识形态之间有着共性，但它们毕竟是不同的社会事物，在上层建筑里分属于不同的部门，彼此不能混为一谈，不能相互替代。

我们说艺术反映全面的社会生活，既是以历史唯物主义关于经济基础与上层建筑的理论作根据，同时也是以中外艺术史上的全部事实为依据。西方现当代某些理论家把艺术的表现对象限制在精神领域里，反对一切再现与描绘，只承认和提倡现代主义的表现与抽象，其依据只是19世纪中叶以来主要是20世纪的西方各种艺术现象，理论上是片面的，也不符合人类几千年以至上万年艺术发展的全部历史。艺术家只有在生活的源泉

中汲取营养，全面真实地反映社会生活并真诚地表现对生活的感受，他的创作才会具有生命力；反之，如果一味模仿前人或别人的作品，他的创作即使在技巧方面达到较高水平，但根本上会是苍白无力的，也缺乏艺术价值。

4. 艺术是一种生产形态，艺术是一种特殊的生产形态，即精神生产形态

从社会生产实践角度看待和考察人类的一切活动，是马克思主义的重要创见。艺术，不仅是社会意识形态，还是一种生产形态。马克思主义关于艺术是"社会意识形态"的理论与关于艺术是"生产形态"即"艺术生产"的理论，是其独特的美学思想体系中的一个问题的两个方面，这两个方面是相互联系的一个整体。把艺术看作一种生产方式或是生产形态，是马克思主义的独特发现和一贯见解。

"艺术生产"是马克思主义美学中的一个重要概念，它是同马克思主义整个理论体系联系在一起的。马克思把"艺术"与"生产"联系起来，从人的社会本质是生产实践活动的观点出发，把艺术看作一种生产形态，看作人的一种生产实践活动，这在美学史上是一个重大的理论创举。

艺术创作活动作为一种生产劳动活动，也有着一般生产劳动所具有的实践性、目的性、自觉性、工艺过程的可控性、材料媒介的可选择性，以及整个生产劳动过程的可表述性等等；其产品即艺术作品，则也有着与一般物质产品相似的使用价值和交换价值的商品的二重性。但是，决定艺术作为"艺术生产"本质的，却并不是它的物质生产的一般性质，而是它的精神生产的性质。因此，我们在肯定艺术是一种生产形态之后，还要肯定艺术是一种特殊的生产形态，它的特殊性就在于它不同于一般物质生产的精神性。艺术作为"艺术生产"，应该作为真正的精神生产实现其本质，以满足人民的精神需要为根本目的。

马克思的艺术生产理论告诉我们社会主义的文艺工作者，首先，在市场经济条件下，艺术生产不仅作为一种精神生产，同时是一种物质生产，因而在尊重市场规律的同时亦要尊重艺术自身的特殊规律，做到兼顾艺术性、精神价值与商品性、经济价值的统一。其次，艺术活动是人的本质力量的对象化，要高度重视人的主体性，要大力发展社会主义艺术文化事业必须坚持以人民为中心的艺术创作导向，艺术活动的现实养料来源于人民丰富的社会实践生产，艺术生产活动要服务于广大人民，满足人民的审美精神需要，力求把最好的精神食粮贡献给人民。最后，艺术生产也不可避免具有"全球性"特征，艺术生产的发展就需具备全球化视野，在大力发展生产力的同时，亦保持民族艺术的特色。

（二）艺术的认识本质

我们简要论述艺术为什么是社会生活的反映以及艺术如何反映社会生活，但还没有充分地论述艺术为什么是审美的，这就需要从哲学认识论的角度，对艺术的认识本质做更深层次的多方位考察，接下来我们探讨艺术的认识本质。

1.艺术以特有的方式掌握世界

马克思主义的辩证唯物主义认识论告诉我们，艺术是对世界的一种能动的认识。那么，艺术是以什么方式认识世界的呢？我们在前面曾经讲到，艺术在反映全面的社会生活这一点上，不同于法律、道德等作为"中间环节"的社会意识形态，却与宗教、哲学等其他更远离经济基础的特殊意识形态之间有着某些共性。但是，不同于宗教的方式、哲学的方式等掌握世界的方式，艺术是以一种特有的方式反映社会生活和认识世界的。

马克思曾提出过四种"掌握世界"的方式，即"理论"的方式、"艺术"的方式、"宗教"的方式和"实践—精神"的方式。这四种"掌握世界的方式"都是人类主观的能力和意识活动的形式，但它们又都是独立的，各有自己的特点，彼此并不能相互替代。艺术要求真实地认识世界和反映社会生活，真实性是艺术的生命。同时，作为艺术对象的艺术形象，其所显示的是人的本质力量的对象化，人们在欣赏艺术美的时候，也认识到自身的本质力量，认识的重点是事物的特征、个性和美，从而得到审美的享受。

2.形象性是艺术的基本特征

形象性是文学艺术区别于其他社会意识形态的基本特征。我们可以将某些理论著作同一些文艺作品作比较。例如，毛泽东的《在延安文艺工作座谈会上的讲话》等理论著作和歌剧《白毛女》、秧歌剧《兄妹开荒》等文艺作品虽然产生于同一时代，但在认识世界的方式、反映生活的形式上完全不同。总之，没有形象性，就没有艺术，失掉形象性这一基本特征的作品，也不能称之为文艺作品。当然，文学、音乐、美术等不同文艺形式，其形象性又都有各自不同的特点。

艺术形象是艺术作品的核心，一个作品如果没有特征鲜明的艺术形象，也就没有了灵魂。中国四大名著《三国演义》《红楼梦》《西游记》《水浒传》中的人物形象给人们留下了深刻印象。《白毛女》中女主角喜儿的命运曾感动过无数中国人，张择端的《清明上河图》、徐悲鸿的《奔马图》、凡·高的《向日葵》等，这些艺术作品之所以能被人们熟知，正是因为每一部艺术作品中都有活灵活现的艺术形象。既然形象性是艺术的基本特征，那么，艺术形象有些什么特性呢？按照一般的说法，艺术形象有三大特性：具体性、概括性和感染性，当然也有将真实性、典型性、情感性、审美性等看作是艺术形象的重要特性。这些说法都是有道理的，只是论述的角度和重点不同而已。

3.艺术反映世界的真实性

艺术反映客观世界的真实性。也即是说，艺术作品的形象要符合它所反映的客观事物实际，符合它所反映的社会生活实际。艺术的真实性是艺术理论中的一个重要范畴，涉及多方面的问题，如生活的真实与艺术的真实、再现的真实与表现的真实、现象的真实与本质的真实、客观的真实与主观的真实等；同时，还包括表现文艺工作者主观世界的真实，也就是真实地表现创作主体的精神世界。

艺术形象的真实性，是一切优秀艺术作品的基本要求。艺术形象作为艺术家对社会生活从感性到理性认识的成果，存在着一个认识的正确与否或真实与否的问题。具体地说，作为创作主体的艺术家，由于每个人的思想感情、生活经验、认识能力与审美修养的差异，他们所创造的艺术形象，有的比较真实或高度真实，有的则不够真实或非常空虚。从来的理论家和有创造性的艺术家，都十分重视艺术的真实性，认为"艺术的生命就在于真实"，视真实性为艺术的生命。战国时期的音乐理论著作《礼记·乐记》中说："唯乐不可以为伪。"

与一般的艺术形象相比较，艺术典型的真实性更高、概括性更广、思想性更深刻、情感性更强烈、感染性更持久，是艺术家对于生活真理的独特发现和对于美的独特创造。艺术典型是艺术家概括生活中的事物的普遍性，经过艺术传达而创造出来的。深刻理解艺术典型和典型化的原理，对于今天的艺术创作是十分必要的。艺术创作是美的创造，但如果没有典型化，一味机械地不加选择地模仿现实，是谈不上创造的。因为，只有创作出典型人物，文艺作品才能有吸引力、感染力、生命力。习近平总书记在中国文联十大、中国作协九大开幕式上的讲话中突出了艺术创作的"艺术典型"论。他认为，典型人物所达到的高度，就是文艺作品的高度，也是时代的艺术高度。[①]新时代，我们坚持和丰富革命现实主义精神和创作方法，把现实主义精神与浪漫主义情怀结合起来，塑造好新时代的艺术典型形象和"典型环境中的典型人物"，充分发挥现实主义精神和创作方法的优势，应该是繁荣发展新时代中国特色社会主义美学和文论以及文学艺术创作实践的重中之重。

---

① 习近平.在中国文联十大、中国作协九大开幕式上的讲话[EB/OL].（2016-11-30）[2024-12-10]. http://www.xinhuanet.com/politics/2016-11/30/c_1120025319_3.htm.

第二节 艺术的门类与特征

对艺术起源与本质的追问我们先告一段落。经过长期的艺术实践,人类创造了多种多样的艺术形式和丰富多彩的艺术作品。如何对艺术进行体裁和分类的研究呢?

一、艺术的门类

关于艺术的门类,中外许多美学家、艺术理论家等都提出了各种各样的分类原则或具体分类,如中国古代文论《毛诗序》把中国古典艺术区分为诗、歌、舞三种不同艺术种类,古希腊亚里士多德根据艺术的媒介、对象、方式的不同区分了绘画与音乐、悲剧与喜剧、史诗与戏剧等。到近现代,艺术分类理论已较为成熟,形成了从不同方面、为不同目的进行分类的艺术分类体系,有以艺术作品的存在方式为依据,将艺术分为时间艺术(音乐、文学等)、空间艺术(绘画、雕塑等)和时空艺术(戏剧、影视等);有以对艺术作品的感知方式为依据,将艺术分为听觉艺术(音乐等)、视觉艺术(绘画、雕塑等)和视听艺术(戏剧、影视等);有以艺术作品对客观世界的反映方式为依据,将艺术分为再现艺术(绘画、雕塑、小说等)、表现艺术(音乐、舞蹈、建筑等)和再现表现艺术(戏剧、影视等);有以艺术作品的物化形式为依据,将艺术分为动态艺术(音乐、舞蹈、戏剧、影视等)和静态艺术(绘画、雕塑、建筑、工艺美术等)等。下面,我们将以艺术形态的物质存在方式与审美意识物态化的内容特征作为根本的依据,具体介绍艺术的门类。

(一)造型艺术

造型艺术是指运用一定的物质材料如颜料、纸张、泥石、木料等,通过塑造静态的视觉形象来反映社会生活与表现艺术家思想情感的一种再现性空间艺术,也是一种静态的视觉艺术。造型艺术主要包括绘画、雕塑、摄影、书法艺术等。

1. 绘画艺术

绘画是一门使用一定的物质材料,运用线条、色彩和块面等元素,通过构图、造型和调色等手段,在二度空间(平面)里创造出静态的视觉形象或情境的艺术。绘画在造型艺术中处于基础地位。绘画艺术的种类,根据使用材料的不同,可分为中国画、油画、版画、水彩画、水粉画等；根据表现对象的不同，可分为肖像画、风俗画、风景画、静物画、历史画等；根据作品形式的不同，可分为壁画、年画、连环画、宣传画、漫画等。

2. 雕塑艺术

雕塑是一门直接利用物质材料，运用雕刻或塑造的方法，在三度空间（立体）中创造出具有实体形象艺术品的艺术。雕塑是一种重要的造型艺术，是立体的空间艺术和视觉艺术。雕塑作品是用一定的物质材料制作出来的具有实体形象的艺术品，由于制作方法主要是雕刻和塑造两大类，故被称为雕塑。从表现手法和形式来区分，雕塑主要分为圆雕、浮雕两类。此外，雕塑还可以从其他方面进行分类，如从制作工艺来看，它可以分为雕和塑两大类。雕，有石雕、木雕、玉雕等；塑，有泥塑、陶塑等。铸铜像时是先塑后铸，这些都属于制作方式和材料的不同。从题裁来区分，雕塑又可以分为纪念性雕塑、城市园林雕塑、宗教雕塑、陈列性雕塑等。从样式来区分，雕塑还可以分为头像、胸像、半身像、全身像、群像等。

3. 摄影艺术

摄影艺术是采用摄影技术和手法获取静态图像来反映客体世界，进而表现主体审美情感的艺术。构图、光线和色调是其主要造型手段。

摄影艺术是一门现代的造型艺术。它是摄影师运用照相机作为基本工具，根据创作构思将人物或景物拍摄下来，再经过暗房工艺处理，塑造出可视的艺术形象，用来反映社会生活与现象，并表达作者思想情感的一种艺术样式。摄影是现代科技发展的产物。作为一门实用技术，摄影被广泛地应用于人类现代生活的各个领域，如科学实验、太空探险、新闻报道和教育卫生等各条战线。但是，摄影艺术将技术性与艺术性结合起来，却主要不是为了实用的目的，而是为了审美的需要。摄影艺术的样式和体裁繁多。按感光材料和画面颜色，可以分为黑白摄影和彩色摄影；按题材，可以分为肖像摄影、风光摄影、舞台摄影、建筑摄影等。

4. 书法艺术

书法是以线条的组合、变化来表现文字之美的艺术形式，它主要通过用笔用墨、结构章法、线条组合等方式进行造型和表现主体的审美情操。

书法艺术是中华民族源远流长的一种传统艺术形式。书法艺术主要是一种东方艺术，中国、日本、朝鲜、韩国等国家和地区的书法艺术都是在汉字字形基础上发展而来的。可以说，书法是建立在汉字基础上的艺术，书法艺术的发展同汉字的发展密不可分。据考证，中华民族的书法艺术，从远古的殷商算起，经历了秦汉的辉煌、魏晋的风韵、隋唐的鼎盛、宋元的尚意、明清的延续，直到现代的普及和发展，真可以说是历史悠久、影响深远。今天，书法艺术出现了前所未有的振兴局面，并且逐渐走向世界，影响遍及日本、朝鲜及东南亚各国。

书法主要通过文字字体的用笔用墨、点画结构、结构章法、线条组合等造型美，来表现人的气质、品格和审美情操。人们普遍认为，书法艺术对于陶冶人的情趣具有巨大的作用。在创作或欣赏书法作品时，不仅能给人带来愉悦和满足，且常常使人潜移默化地受到熏陶，使审美情趣得到陶冶与提高。中国书法是中华民族的传统艺术样式，主要包括篆书、隶书、草书、楷书、行书等书体。

（二）实用艺术

所谓实用艺术，是指实用与审美相结合的表现性空间艺术，主要包括建筑艺术、园林艺术、工艺美术等。

1.建筑艺术

建筑艺术是一种实用与审美相结合，以形体、线条、色彩、质感、装饰、空间组合等为语言，建构成实体形象的造型与空间艺术。建筑艺术凝结了一定时代、民族的审美意识和精神气质。建筑这个词，在拉丁文中原来的含义是"巨大的工艺"，说明建筑的技术性与艺术性密不可分。

建筑是建筑物和构筑物的通称，是人类用物质材料修建或构筑的居住和活动场所。建筑艺术的主要特点是按照美的规律，运用形体、节奏、色彩、质感、空间组合等独特的艺术语言，使建筑形象具有文化价值和审美价值，具有象征性和形式美，体现出民族性和时代感。

早在两千多年前，古罗马建筑师维特鲁威就提出了建筑的三条基本原则，即实用、坚固、美观。直到今天，它们仍然是建筑师们遵循的基本规律。建筑可分为民用建筑、公共建筑、园林建筑、宗教建筑、纪念性建筑等。建筑艺术的语言和表现手法包括空间、形体、比例、均衡、节奏、色彩、装饰等许多因素，它们共同构成建筑艺术的造型美。

2.园林艺术

园林艺术利用多种技术手段和艺术手法，将山水、花木、建筑等要素组合成为统一的景观。园林艺术体现了自然因素和人文因素的有机融合。园林在广义上是建筑的一种类型。从广义来讲，园林艺术也是建筑艺术中的一种类型，但由于园林艺术更注重观赏性，并且通过撷取自然美的精华，将自然美与建筑美融合在一起，成为富有情趣的园林美，使园林艺术具有许多自身的特点，因而人们往往又将它和建筑并列为实用艺术中不同的类型。园林艺术的类型，从世界范围看主要有三种，即欧洲园林、阿拉伯园林和东方园林，都具有极高的艺术性和观赏性。中国园林特别重视人与自然的亲和，文化美是中国园林的精华和核心。

3. 工艺美术

工艺美术是一种历史悠久的艺术样式，它既有一定的审美价值，同时又具备一定的实用价值，与制作或生产密切相关。

工艺美术直接受到物质材料和生产技术的制约，具有鲜明的时代风格和民族特色。工艺的范围极其广泛，几乎包括除建筑以外人类所有的日常生活用品的制造工艺。具体来讲，工艺品主要包括以下三大类：第一类是经过艺术处理的日常生活实用品，如漂亮的绣花枕套、精致的被面床单、美观的玻璃器皿等，这些用品多是以实用为主，装饰为辅，或者说，它们是在实用的基础上兼有观赏性。第二类是民间工艺美术品，如竹编器件、草编器件、蜡染织物、泥塑、木雕、剪纸等，它们采用的原材料一般比较低廉，工艺比较简单，价格也比较便宜，既可供实用，又可供观赏。第三类是特种工艺美术品，如景泰蓝艺术陶瓷、象牙雕刻、玉雕、金银摆件等。它们采用的原材料比较珍贵，工艺非常精细，价格也比较昂贵，主要供观赏和珍藏之用。这些特种工艺品实际上已经不具有实用价值，而是主要具有审美价值和艺术价值了。工艺美术是人类历史上最古老的艺术种类之一。

4. 设计艺术

设计艺术是工业革命后在国际上兴起的一门交叉性应用学科，是围绕着某种制作或生产目的进行的富有审美意趣的创作，主要包括产品设计、环境设计、视觉设计等。从狭义上讲，设计艺术也被称为工业设计或工业美术，它是从传统的工艺美术中发展起来的。它既区别于手工艺品制作也不同于纯艺术品制作，它是在现代工业生产的基础上产生的工业产品创新的社会实践形态。

设计艺术是在20世纪中叶迅速发展起来的，涉及范围相当广泛。总体上讲，设计艺术大致包括以下三个方面：其一是产品设计，从家具、服装、餐具等日用品到汽车、飞机、电脑等高新技术产品，都属于产品设计的范畴。它的突出特点是将造型艺术与工业产品结合起来，使工业产品艺术化。其二是环境设计，指人类对各种自然环境因素和人工环境因素加以改造和组织，对物质环境进行空间设计，使之符合人的行为需要和审美需要。环境设计包括室内设计、庭园设计、建筑设计、城市设计、国土设计等。其三是视觉设计，指人们为了传递信息或使用标记所进行的视觉形象设计。从狭义上讲，视觉设计又被称为平面设计，主要包括装帧设计、印刷设计、包装设计、展示陈列设计、视觉形象设计、广告设计等。随着现代科技的发展，视觉设计已不再局限于平面设计，而是充分调动了光、色、文字、图形、运动等多种手段，扩展到了更广泛的领域。

造型艺术与实用艺术二者之间既有联系，又有区别。从联系上讲，它们都属于空间艺术，并且都是以平面或立体的方式，用物质材料创造出静态的艺术形象，使人们凭借视觉感官就可以直接感受到。由于二者的联系如此紧密，有时人们又把它们归为一类。从区别上讲，造型艺术（绘画、雕塑、摄影、书法）主要具有审美功能，满足观赏者的精神需要；而实用艺术兼有实用功能与审美功能，同时满足人们的实用需求和审美需求。

（三）表情艺术

所谓表情艺术，是指通过一定的物质媒介（音响、人体）来直接表现人的情感，间接反映社会生活的这一类艺术的总称。它主要是指音乐和舞蹈这两门表现性和表演性艺术。表情艺术是人类历史上最古老的艺术门类。

1.音乐艺术

音乐艺术是以人声或乐器声音为材料，通过有组织的乐音在一定时间长度内营造审美情境的表现性艺术。音乐艺术以旋律、节奏、和声、配器、复调等为基本手段，以抒发人的审美情感为目标，具有情感表现力和情绪感染力。音乐可分为声乐和器乐两大类。声乐按演唱者可分为男声、女声和童声三类，按音域可以分为高音、中音和低音。根据乐器的不同种类，器乐可分为弦乐、管乐、弹拨乐、打击乐等。音乐是人类历史上古老的艺术种类之一。

音乐的艺术语言和表现手段非常丰富，主要包括旋律、节奏、和声、复调、配器等。旋律是音乐艺术思想的主要载体，它把高低、长短不同的乐音按照一定的节奏、节拍以至调式、调性关系等组织起来，塑造音乐形象，表现特定的内容和情感。旋律具有很强的艺术表现力，它可以表现出音乐的内容、风格、体裁，甚至还可以体现出音乐的民族特色和地域特征。因此，人们常把旋律称为音乐的灵魂。节奏是音乐最基本的表现手段，是指音响的长短、强弱等有规律的组合。它是旋律的骨干，也是乐曲结构的主要因素，使乐曲体现出情感的波动起伏，增强音乐的表现力。和声也是音乐基本的表现手段之一，它是指多声部音乐按照一定关系构成重叠复合的音响现象，使音乐具有结构感、色彩感和立体感。此外，复调、曲式、调式、调性，以及速度、力度等音乐语言和表现手段，也都是通过有规律的变化与组合，共同将乐音在时间中展开来塑造出音乐形象。

2. 舞蹈艺术

舞蹈是以人体动作为主要表现手段，运用造型、表情、节奏、空间运动等要素，创造形象和表现情感的艺术样式。舞蹈也是人类历史上古老的艺术之一。

原始社会的先民已经出现了图腾舞蹈，并且把它作为图腾崇拜活动的重要内容。最早的舞蹈常常与歌、乐合为一体。从总体上讲，舞蹈的品种有民族舞、民间舞、古典舞、芭蕾舞、现代舞等。按出场人物的数量可分为独舞（由一位演员表演的舞蹈样式，如芭蕾舞剧《天鹅湖》中就有白天鹅独舞与黑天鹅独舞）、双人舞（由两位演员，通常是一男一女合作表演的舞蹈样式，如我国舞剧《丝路花雨》中的双人舞）、三人舞（包括独立作品的三人舞如《金山战鼓》和舞剧中的三人舞如《天鹅湖》中的大天鹅舞）、群舞（也称集体舞，指四人及以上合作表演的舞蹈，如红绸舞）等。

（四）语言艺术

所谓语言艺术，是指加工提炼了的口头语言和书面文字语言，就是指人们常说的文学，包括诗歌、散文、小说剧本等各种体裁。文学总是以语言为手段来塑造艺术形象、反映社会生活、表达作者的思想情感，语言作为艺术媒介和基本材料始终发挥着重要作用。因此，人们一般将文学称之为语言艺术。

诗歌、散文、小说、戏剧文学和影视文学是构成语言艺术的主要体裁分支。这些体裁具有各自的特点，又有许多共同的审美特征。由于文学在中外艺术史上始终占据着重要地位，涌现出许多著名的作家和作品，产生了巨大影响。

1. 诗歌

诗歌是文学的基本体裁之一，如同其他文学体裁一样，也是用语言塑造形象以反映社会生活和表达作者思想感情的艺术。诗歌在文学发展历史上出现最早，在艺术起源时期，诗歌与音乐、舞蹈常常融为一体，只是到后来诗歌才逐渐发展成为一种独立艺术形式。我国最早的一部诗歌总集是《诗经》，它产生的时代上自公元前11世纪，下至春秋中期（公元前6世纪），这是我国现实主义诗歌的源头。一般来说，根据不同角度分类，诗歌可以分为抒情诗和叙事诗或者格律诗和自由诗。

2. 散文

散文也是文学的基本体裁之一，散文的含义和范围随着文学形态的发展而演变，在各个历史时期有着不同的内涵和内容。我国古代的散文范围很广泛，主要是指一种与韵文、骈文相对立的文体，包括经、史、传等各种散体文章。随着文学的发展，散文后来被专门用来泛指诗歌以外的一切文学体裁，包括杂文、传记、小说等都被容纳在里面。近现代的散文，则是从狭义上来理解的，专指与诗歌、小说、剧本相并列的一种文学体裁。散文是一种自由灵活、不受拘束的文学样式，能够迅速地表现作者的生活感受，真实地反映社会生活。散文选材范围广泛，表现手法多样，结构自由多样，以形散而神不散的艺术特长来集中而凝练地体现主题思想。散文的种类丰富多样，一般将其分为抒情散文、叙事散文和议论散文三大类。

3. 小说

小说是一种以叙述故事、塑造人物形象为主的文学体裁，它的特点是在生活素材的基础上用虚构的方式来再现生活。人物、情节和环境是小说不可缺少的三个基本要素。

中外古今的小说数量众多，分类方法也多种多样。根据题材的不同，小说可分为神话小说、传奇小说、历史小说、志怪小说、言情小说、武侠小说、社会小说、战争小说、爱情小说、惊险小说、科幻小说等；根据艺术结构和表现形式的不同，小说又可分为话本小说、章回小说、日记体小说、书信体小说、现代主义小说等。但最常见的分类方法，是根据容量大小和篇幅长短，分为长篇小说，中篇小说和短篇小说三大类。

语言艺术创作主体通过对于语言的审美把握来塑造艺术形象，表现思想感情。语言艺术作为媒介和手段，从而与其他艺术在性质上产生了重大的区别，以至于人们有时将文学与艺术并列称呼。事实上，语言艺术作为一个庞大的艺术门类，历史悠久，成就辉煌，形成了自己系统的、独特的艺术规律和审美特征。

（五）综合艺术

综合艺术是戏剧、戏曲、电影、电视等一类艺术的总称。综合艺术吸取了文学、美术、音乐、舞蹈等各门艺术的长处，获得了多种手段和方式的艺术表现力，从而形成了自己独特的审美特征。它将时间艺术与空间艺术、视觉艺术与听觉艺术、再现艺术与表现艺术、造型艺术与表演艺术的特点融汇到一起，具有更加强烈的艺术感染力。

1. 戏剧艺术

戏剧艺术是指以舞台演出为表现形式，由演员扮演角色，为观众现场展现故事的艺术样式。戏剧以演员的动作和声音为基本表现手段，以舞台美术、音响、服装、化妆、道具等多种技术手段为重要构成要素。戏剧的分类，按其表现手段的不同，可以分为话剧、歌剧和舞剧；按其矛盾冲突性质的不同，可以分为悲剧、喜剧和正剧；按其容量大小，可以分为多幕剧、独幕剧。世界上，古希腊戏剧、印度梵剧和中国戏曲，被称为三种古老的戏剧艺术。

2. 戏曲艺术

戏曲是中国传统的戏剧形式，它既具有戏剧的一般特点，又具有独特的表现手段和审美特征。唱、念、做、打是戏曲主要的表现手段。程式化、虚拟性是戏曲的主要审美特征。中国戏曲种类繁多，其中有代表性的剧种主要有京剧、昆曲、豫剧、越剧、黄梅戏等。戏曲艺术深深植根于中华民族传统文化，具有鲜明的民族特色。中国古典戏曲更加强调美与善的统一，大多以大团圆结局。

3. 电影艺术

电影艺术是一门将艺术与科学结合而成的综合艺术，它以画面为基本元素，并与声音和颜色共同构成电影基本语言和媒介，在银幕上创造直观感性的艺术形象和意境。画面、声音和蒙太奇是电影的主要艺术语言和表现方法。电影的种类可分为声片、无声片、黑白片、彩色片，还可按内容分为故事片、美术片、纪录片、科教片，其中作为电影最主要形式的故事片又可作进一步划分。

4. 电视艺术

电视艺术属于大众传播媒介，它既有传播新闻信息的功能，同时也有艺术的功能和娱乐的功能。电视艺术与电影艺术在审美特征上有许多相似之处，它们既是综合艺术，又是现代科技的产物，同时又具有独特的审美特征。电视艺术主要指运用电视手段创作和传播的各种文艺作品，其中主要包括电视剧、电视文艺专题片、电视综艺节目、音乐电视等。

电影和电视是20世纪最重要的文化现象。21世纪发展迅猛的新媒体，特别是当前十分流行的电脑、手机和Pad等共同组成的视觉文化，对人类社会生活的观念、生活方式、思维习惯，乃至教育方式，都产生了深远而重大的影响。随着社会进步、科技发展，新的综合性的艺术形式不断出现，艺术发展依然充满了生命力，这也是艺术的发展所面临的一个新问题。

二、艺术的特征

（一）形象性

形象性是艺术区别于其他社会意识形态的基本特征，是艺术反映社会生活的特殊形式，也是艺术活动特有的存在方式。形象是指事物的具体形状或姿态，审美形象是指艺术活动中能引起人的思想或感情活动的生动、具体、可感的人物和事物形象。形象把握是艺术活动特有的方式，是主体对于客体领悟式的审美创造，它是感性的而不是推理的，是体验的而不是分析的。广义的形象包括审美形象和审美情境与意境。

艺术家在艺术创造过程中离不开形象思维，艺术作品必须展现具体可感的艺术形象，艺术欣赏也是通过对艺术形象的感悟引发对作品情境、意境的体味。也就是说，无论艺术创造活动还是艺术传播、艺术欣赏活动，都离不开形象。艺术中的形象是有意味的形象，是渗透了艺术家深刻的理性思考的形象，它不是客观生活图景的随意照搬，而是艺术家经过选择、加工并融入了艺术家对人生哲理、对社会事物的态度和理性认识的意象呈现，在艺术形象的创造过程中也需要理性思考。

一般地说，一件艺术品就是一个完整的形象或形象体系。艺术形象有什么特点？"形象"与"概念"相对，概念是抽象概括的，形象是具体可感的。艺术形象又不同于生活形象，生活形象是客观实存的，艺术形象则是主观创造的。简言之，艺术形象是以虚幻而又逼真的人生画面和意象世界，高度概括地表现深邃的人性心理，具有生动直观的艺术感染力的审美形式。一切艺术品创造的艺术形象无不如此。具体地说，艺术形象的一般特点体现在以下几个方面：从存在形态看，艺术形象是假定性和逼真性的有机统一，如《西游记》《水浒传》《聊斋志异》《红楼梦》《大明宫词》和《天下粮仓》等小说、影视作品，无不在合情合理的尺度内实现其假定性和逼真性的有机统一。从审美认识看，艺术形象是具体性和概括性的有机统一。鲁迅先生曾经说过："画家所画的，雕塑家所雕塑的，表面上是一张画，一个雕像，其实是他的思想和人格的表现。"从艺术功能看，艺术形象又是表现性和感染性的有机统一，艺术家应当把形象的每一个细节化成眼睛或灵魂的住所，把对象的内在心灵显现出来，人们从这眼睛里可以认识到内在的无限自由的心灵。

(二)情感性

情感性是艺术的又一基本特征。艺术中的情感，是一种无功利的具有普遍性的情感，情感在艺术活动动机的生成、创造与接受过程中均是重要的心理因素之一，同时情感又是艺术创造的基本元素。

在艺术活动中，情感具有特别重要的作用和地位。从更广泛的意义上来讲，一切艺术都是情感的艺术，没有情感也就没有艺术。在艺术创造和艺术欣赏中，情感始终起重要作用。所谓情感，是指人的喜、怒、哀、乐等心理形式，它反映着人对外部世界对象和现象的主观态度，即情感是人对客观现实的一种特殊的反映形式，是人对于客观事物是否符合自己的需要和目的所作出的一种心理反应形式。

在整个审美认识、审美创造以至审美欣赏的过程中，情感始终起着重要的作用。对现实无动于衷、没有丰富情感的人成不了艺术家。每一个成功的艺术形象都渗透和凝聚着创作主体真挚的情感。情感也是艺术区别于哲学或科学的标志。科学是以理服人的，艺术则要以情动人，情感因素是艺术形象具有感染力的主要原因，情感的真挚与强烈，可以增添作品的美感和感染人心的力量。《乐记》（《礼记》第十九篇）中认为音乐是由人心感发的，"凡音而起，由人心生也，人心之动，物使之然也"。后来的相关论著有很多。到了王国维，更是提出了"一切景语皆情语"的观点，把情感放到了艺术的核心位置。刘纲纪先生认为，中国古代的艺术从不否认艺术对现实的再现，但其核心却是情感表现，艺术中的问题基本上都是围绕这个核心展开的。情感不仅在艺术创造中，而且在艺术欣赏中，都有着十分重要的地位和作用。情感使人在欣赏艺术作品时感到兴奋、满足甚至陶醉。艺术这种表现情感的形式，所表现的正是人类情感的本质。

在艺术创造和艺术欣赏活动中，情感不仅是同形象联系在一起的，也是同认识联系在一起的。情感不是生活中一般的情感，不是纯心理或纯生理的反应，而是随着认识产生的一种特殊的心理现象，其基础是认识。社会生活本身的美、自然事物的美、艺术作品的美，都必须经过审美认识，经过复杂的思想活动，才能被发现，被感悟。一个思想空虚、缺乏对社会与人生深刻认识的人是难以产生丰富、强烈的情感的，因而也不会成为艺术家和出色的欣赏者。在艺术活动中，情感与思想认识是交融在一起的，没有情感的说教不是艺术，没有思想的情感也不能产生艺术。

（三）审美性

艺术活动既是人类的社会实践，又是以个体的艺术创造为基本表现形式的精神活动。同时，由于人的本质力量的需要，人与现实才在"人化的自然"过程中建立起审美关系。人通过"生产"与世界全面相关，"生产"的本质尺度就是"美"，而审美关系具有特定的历史形态。艺术的创作活动，实际上就是集中积极的审美认识和审美创造的活动。艺术的审美性是区别于其他社会实践活动以及意识形态活动的根本标志。艺术的审美性是形象的、情感的和多义的，其意识形态特性是隐含在审美特性之中的，它使艺术的审美世界具有了更为广阔和深邃的内涵。

在艺术活动中，主体审美精神是灵魂。相传在宋代画院的考试中，有一道题是就"野渡无人舟自横"这句诗来作画。这句诗出自唐代诗人韦应物的七绝《滁州西涧》："独怜幽草涧边生，上有黄鹂深树鸣。春潮带雨晚来急，野渡无人舟自横。"很多应试者画的都是一个无人的渡口，一条小船停放在水中；有的应试者还把小船画得很破旧；有的应试者在无人的小船上画几只小鸟。但是，被选中的那个应试者画的却是摆渡者悠闲地躺在船上。也许有人会问，既然是"无人"，为什么被选中的人画的却是"有人"的画面呢？首先要理解"野渡"的意思，这里指的是郊野的渡口，不是荒野废弃的渡口。如果真是人迹罕至的荒野，又何来渡口呢？其次要理解"无人"的意思，这里指的是暂时没有渡客，不是说荒无人烟，没有人来。如果这里荒无人烟，没有人来，哪里会有"舟"呢？全诗以简洁的景物描写，传神地写出了闲适生活的宁静野逸之趣，在宁静的诗境中，有一重冷落寂寞的情思氛围。只有抓住了这层意思，才能用画来准确表达。那些把眼光定在"野渡无人"上的应试者，只是抓到了一个孤立的景象，忽略了作者用这一景象中所传达的情思。自然界的存在历史悠久，但是作为艺术对象的自然，则是在人类产生之后被人发现的，是"人化的自然"。

艺术的审美能够潜移默化地使人的思想、感情、理想、追求发生深刻的变化，引导人们正确地理解和认识生活，树立起正确的人生观和世界观。

知识扩展

第三节　艺术的环节与作用

艺术活动作为一种特殊的精神生产活动，对社会生活有多方面的作用。但归根结底，艺术活动是通过创造具有审美价值的艺术品来满足人的审美需要。在艺术活动中，艺术家通过艺术创造来表现和传达自己的审美意识和审美理想；读者、观众、听众则通过艺术欣赏来获得美感，并满足自己的审美需要。艺术这种特殊的社会意识形态，就是通过艺术创造与制作—艺术作品—艺术传播与接受这样一个艺术活动过程来影响人的精神面貌和思想感情，最终对社会生活产生多方面的作用和影响。

一、艺术的环节

艺术是人类社会活动这个大系统中的一个子系统。根据艺术活动的发展及其当代状况，我们可以将艺术活动这个系统分解为四个构成内容或四个环节，即客体世界、艺术创造与制作、艺术作品、艺术传播与接受。

1. 客体世界

客体世界是指艺术活动所反映和表现的客观社会生活及自然界，具有审美价值的客体世界是艺术创造主体关照的主要对象。

艺术活动的主体是从事艺术活动的人，艺术活动的客体是客观社会生活和自然界。客观社会和自然界是一切艺术活动的源泉。人的美感是在人类的社会实践活动中产生的，没有人对社会生活和自然界的感知、认识，没有人类的生产实践和改造自然的实践，就不会有艺术创造。没有人类在意识生成和完善过程中逐渐形成的对形式美的审美认识，也不会有书法艺术、舞蹈艺术、绘画艺术、音乐艺术的发展。所以说，客观社会生活和自然界是构成艺术活动的内容之一。

对于客体世界来说，并不是所有的事物与现象都是艺术创造的对象，只有具有审美价值的客体世界才是艺术创造的主要对象。而客体世界是否具有审美价值则是相对的，是随着人类对自然界认识范围的不断扩大和审美意识的生成与发展而不断演化发展的。

2. 艺术创造与制作

艺术创造是艺术家基于自身的审美经验和审美体验，运用特定的艺术语言和材料，将其审美意识物化为艺术形象或艺术意境的创造性活动。

画家在进行绘画作品的创作时，也是基于自身的审美经验和审美体验，运用线条、色彩等绘画艺术语言进行艺术形象或艺术意境的创造。作家创作小说、诗歌等文学作品时，就是在其自身的审美经验和审美体验基础上，运用文学艺术语言进行文学艺术形象和意境的创造。艺术创造的特点集中体现为"创造性"活动，艺术家的创作是原创的、不可复制的。艺术制作是艺术生产的另一种表现形态，它更多地体现出以物质性制作为主的特点。在当代艺术活动中，艺术制作的地位日趋重要，具有了相对独立性。

例如工艺品、工业设计、舞台设计、影视艺术作品的制造以及艺术品的复制，主要是在已有的审美意象或艺术形象基础上，使用物质技术手段和物质材料再现艺术形象或使审美意象实体化。

艺术制作与艺术创造相比，具有"以物质性制作为主"的特点。对物质技术的体现多于艺术创造性。但是，艺术制作在人类整个艺术活动中，也具有十分重要的地位，而且具有相对独立性的意义，尤其在电影、电视、现代音乐作品的制作等领域，艺术制作具有重要的意义。所以，我们把艺术创造与制作划分为介于客体世界与艺术作品之间的一个艺术活动环节。

3.艺术作品

艺术作品是艺术创造和艺术制作的成果，是由艺术主体创造的审美意识物态化的表现形式。

艺术作品的创作者是艺术活动的主体——人，从事艺术创造活动的人。艺术作品的特征体现为：它是艺术创造和艺术制作的成果，是审美意识的物态化表现形式。艺术作品根据其物态化表现形式的不同，可分为文学作品、绘画作品、音乐作品、舞蹈作品，以及建筑、园林、影视作品等。

4.艺术传播与接受

艺术传播即借助于一定的物质媒介和传播方式，将多种艺术信息传递给接受者的过程。艺术接受即在传播的基础上，以艺术作品为对象、以鉴赏者为主体，积极能动地消费、鉴赏和批评等活动。

在传统的艺术研究中，往往把艺术作品作为艺术家和艺术欣赏者之间的一个直接环节，而忽略了"艺术传播"这个因素。这与客观存在的艺术传播方式有关。在现代社会以前的人类历史中，艺术作品大多采用简单的传播方式，传播的意义没有引起人们的关注，而现代社会中，各种传播技术和传播媒介被广泛应用，随之艺术传播方式也发生了巨大改变，艺术传播的功能及在当代艺术活动中的地位和作用也凸显出来。艺术传播已成为艺术作品和艺术接受者之间的重要一环。

艺术接受与艺术传播紧密相连，艺术传播的目的是使艺术作品为更多的人接受，同时艺术接受又以艺术传播为基础。艺术接受包括对艺术作品的消费、鉴赏和批评，是艺术活动的终点，也是艺术创造主体及艺术品内在价值获得最终实现的一个环节。艺术接受这个环节中，艺术接受者是主体。艺术接受者根据自身的审美体验和审美经验解读艺术作品，与艺术作品的创作主体进行精神领域的交流和对话，并且通过对艺术作品的审美体验对客观世界做出精神性反馈，从而实现艺术活动与社会活动的联结，最终体现艺术活动在人类整个社会活动中的功能作用。

二、艺术的作用

艺术从诞生之日起，就与实用的技艺密切相关；有关艺术的作用问题，孔子和柏拉图都表示出了极大的关注，并且做了深刻的研究。从艺术与自然、社会的关系来看，艺术具有认识的作用；当把艺术与欣赏者之间的关系放到社会中去，或者从艺术的认识作用中发展一步，艺术则具有教化的作用；从艺术与欣赏者之间的关系看，艺术具有怡情的作用。

（一）认识作用

艺术的认识作用，指人通过艺术活动能够获得关于自然、社会的知识和信息。首先，艺术对于社会、历史、人生具有认识作用，因为艺术活动具有反映与创造统一、再现与表现统一、主体和客体统一等特点，往往能够更加深刻地揭示社会、历史、人生的真谛和内涵。恩格斯在谈到巴尔扎克的《人间喜剧》一整套社会小说时，认为从这里所学到的东西，比从当时所有职业的历史学家、经济学家和统计学家那里学到的全部东西都还要多。当读到"遥知兄弟登高处，遍插茱萸少一人"这样的诗句时，人们不禁会有关于"登高"和"插茱萸"的疑问，进而寻找答案，认识这种重阳节的社会习俗。除了文学作品以外，其他艺术形式也都不同程度地存在着这种认识作用，例如电影、电视、戏剧、绘画等艺术门类。当面对中国的花鸟、山水画时，首先，我们看到的是自然中花、鸟、山、河的图像，这样就能够让人直观地认识这些自然之物。在现代社会对孩子的启蒙教育中，也经常用一些画（印）有动物、植物图像的挂图来开启孩子对世界的认识之路。我们能够通过直观的艺术形象，将早已逝去的古代生活或难以见到的异国生活置于人们眼前。2021年3月，考古工作者在四川三星堆遗址新发现了6座"祭祀坑"，陆续出土了500多件重点文物，这让人们进一步了解了古文明，了解了当时的社会生活、风土人情以及政治、经济、文化、军事、宗教等方面的情况，大大拓宽了人们的视野，使人们对古代的社会生活有了更加全面的了解，为人们认识社会、历史、人生提供了极其宝贵的形象资料。

其次，对于许多的自然现象，艺术也同样具有认识作用，可以帮助人们增长多方面的科学知识。仅以电影艺术为例，如将艺术性与知识性结合起来、以艺术的形式真实表现科学活动与著名科学家生平的"科学艺术片"，如《钱学森》《黄大年》等；还有从已知的科学原理和科学成就出发，对未来的世界或遥远的过去做幻想式的描述，将知识性和趣味性结合起来的"科学幻想片"，如影片《流浪地球》《阿凡达》《独行月球》等。人们在欣赏这些影片时不仅可以获得有关的科学知识，还能得到深刻的科学精神的教育。总之，艺术活动具有自己独特的认识作用，能够发挥其他社会科学、自然科学所不能代替的作用。

（二）教化作用

艺术的教化作用，主要是指人通过艺术活动，受到真、善、美的熏陶和感染，思想上受到启迪，实践上找到榜样，认识上得到提高。古今中外的思想家、教育家、艺术家都十分重视艺术的教化作用。我国古代教育思想很重视艺术在道德修养方面的重要作用，孔子以"礼乐相济"的思想，创立了我国古代最早的教育体系。东晋画家顾恺之的绘画作品《女史箴图》被用来宣扬封建社会时期的礼法，劝说嫔妃要修德养性、树立高尚的道德品质，具有警世的作用。

一直为古代社会所倡导的"琴棋书画"，不但是当时个体综合人文素养的主要内容，同时也是人生观、世界观、民族精神以及理想信念的具体体现。西方美学史上，早在古希腊时期，柏拉图就强调"美育与德育的结合"。亚里士多德认为，理想的人格是全面和谐发展的人格，情感、欲望和理智一样，都是人性中固有的内容，同样有得到满足的权利。可以讲，对艺术的教化作用的重视，在中国和西方延续了两千多年，具有重大的影响。

艺术之所以具有教化作用，是因为艺术作品不仅可以展示生活的外观，而且能够表现生活的本质特征和本质规律。艺术作品中饱含着艺术家的思想感情，蕴含着艺术家对生活的理解、认识、评价和态度，渗透着艺术家的社会理想，使接受对象从中受到启迪和教育。

艺术教化作用的第一个特点是"以情感人"。艺术作品总是灌注着艺术家的思想情感，通过生动感人的艺术描绘，作用于欣赏者的感情，使人受到强烈的感染和熏陶。所以，艺术的教化作用绝不是干巴巴的道德说教，更不是板着面孔的道德训诫，而是以情感人、以情动人，通过艺术强烈的感染性，来使欣赏者自觉自愿地受到教育。

艺术教化作用的第二个特点是"潜移默化"。艺术作品对人的教育常常是在毫无强制的情况下，使欣赏者不知不觉地受到感染，对人的思想情感和精神面貌的影响是潜移默化的。

艺术教化作用的第三个特点是"寓教于乐"，即教育功能是融合在艺术审美之中的，也就是我们所说的美育。美育，即审美教育，一般认为是指人们在改造和利用自然和社会的过程中所创造的美，如自然美、社会美、文化美等，对受教者进行情感感化、性情陶冶，从而提高受教者感受美、鉴赏美、创造美、评价美的能力，培养其正确的审美意识、审美理想和审美情趣，进而实现人的自由全面发展。尽管西方美学家席勒所论述的美育最为大家所熟知，不过早在汉末魏初，"美育群材，其犹人之于艺乎？"就已经出现在中国古代的文献记载中，而中华美育其实早在西周时代就已孕育并延续至今。中华美育有其鲜明的特质，如从精神本质看，讲求美善统一；从价值导向看，讲求家国同构；从美学特质看，讲求凝练中和；从审美情怀看，讲求诗意栖居；从实现途径上，讲求礼乐教化。中华美育是中华文化的重要组成部分，是我们在世界文化激荡中站稳脚跟的坚实根基。作为一个充满传统意味的时代命题，它的历史沿革和基本特质，尤其是对高校思想政治教育的贡献与意义，是我们现在和今后一个相当长的时期需要认真思考的重要命题。

（三）怡情作用

艺术活动的怡情作用，主要是指人们在艺术活动中，能够使身心得到调节，精神获得愉悦。绝大多数人进电影院、进剧院、进音乐厅或美术馆，主要不是为了获取知识或接受教育，而是为了休息和娱乐。艺术活动的娱乐功能，是艺术的独特之处。

如同艺术创造是一种自由自觉的活动，艺术家在创作中处于一种完全忘我的状态，沉醉其中，并获得极大的满足和快乐一样，艺术欣赏同样也是一种自由自觉的活动。欣赏艺术作品时，读者、观众或听众也同样处于一种忘我的状态，沉醉在艺术天地中流连忘返。可见，艺术可以满足人的精神需要和审美需要，而这种精神需要有时甚至比人的物质需要更加强烈。尤其是伴随着经济的不断发展和人民群众生活水平的不断提高，当人们衣、食、住、行等物质生活需要得到基本满足以后，人们对于精神生活的需要会越来越高，艺术的普及程度也会日益提高，电视机、台式电脑、平板电脑、智能手机等一批新型器材进入千家万户，正反映出了艺术发展的趋势。

艺术的怡情作用，也能使劳动者通过艺术欣赏得到积极的休息，从而以新的精力去投入新的工作。对于生产力中最活跃的因素——人来说，无论是体力劳动还是脑力劳动，都需要在紧张的劳动之余，通过休息和娱乐来消除疲劳，从而以更加充沛的精力去从事新的生产劳动。艺术欣赏确实是一种令人陶醉的积极的休息，具有畅神益智的功能，艺术的这种功能甚至逐渐被运用到医疗方面。

总之，艺术的认识作用、教化作用、怡情作用三者密不可分，是一个有机整体。尤其是艺术的教化作用要做到"以情感人"和"潜移默化"，就必须通过"寓教于乐"来激励人、感染人，将艺术的思想性寓于娱乐性之中。所以，我们应当把艺术的三种作用统一起来认识和理解。

课后思考题

1. 艺术起源有几种理论说法？你有新的想法吗？
2. 艺术的本质是什么？请你结合自己的艺术学习实践加以说明。
3. 你学习的是哪种门类的艺术呢？
4. 你学习的艺术门类的审美价值有哪些？
5. 你学习的艺术门类的实用价值有哪些？
6. 试想象，随着社会进步、科技发展，未来还会出现什么新的艺术形式？
7. 结合自己的艺术学习实践，谈谈艺术有哪些特征。
8. 艺术创作的主要对象是什么？是相对的还是绝对的？
9. 艺术传播的方式有哪些？你能想出新的艺术传播方式吗？
10. 艺术有哪三大作用？你认为艺术还有什么新的作用吗？

课后思考题及答案

第三章
走进人生

关于"人生",不管你对它有无深思熟虑,它对任何人都是一个客观进程。如何驾驭这一进程,将自己导向人生光辉顶点而不误入歧途,这就是人生要回答的问题。我想,要探讨人生观,首先要探讨一下"人是什么",也就是要了解我们作为"人"所具有的本质性功能是什么这个问题。

本章思维导图

第一节　人的本质与认知

一、人的本质

所谓本质，是指该事物区别于他事物的质的规定性。这种决定事物本质的质的规定性，就是通常我们所说的事物的根本属性或本质特征。一般地说，事物的属性总是多方面的、多层次的，然而决定该事物区别于他事物的质的规定性往往只有一个。我们研究人的本质，就是要从众多的人的属性中找出人区别于动物的质的规定性，然后再找出作为具体的个人区别于他人的质的规定性。马克思主义哲学不但科学地揭示了人的类本质，还科学地揭示了个人现实的具体的本质。

（一）人的两种属性

要研究人和动物的区别，就要了解人的属性。什么是人的属性呢？人的属性可分为两大类，即自然属性和社会属性。

1.人的自然属性

科学已证明，人是由动物进化而来的，因而人不可避免地带有某些生物的特征，这就是人的自然属性。人的自然属性主要是指人的生物和生理等方面的属性。人和其他动物一样，有饮食本能、生存本能和繁衍本能。从这个意义上说，人也具有某种"兽"性。虽然，人的自然属性与动物的自然属性都是由肉体的器官引起的生理本能，但是动物的自然属性是纯粹的自然属性，而人的自然属性则是社会化了的自然属性。如人和动物一样都具有饮食本能，但动物的进食就是为了生存，人则不然。人除了靠食物维持其生存外，还包括许多社会内容，如联络感情、交易等。对此，马克思是这样分析的，他把吃、喝、性的需求等等，作为人的"自己的动物的机能"，而不是作为"动物的机能"。人的"自己的动物的机能"和"动物的机能"区分是很清楚的，前者是人"自己的"，后者是属于动物的，但如果人把"自己的"这种机能当作唯一的、最后的终极目的时，它就成为"动物"的了。人往往只是把这种机能看作是从事其他活动的基础，如人必须首先获得吃、喝等生存条件，才能去从事政治的、经济的、哲学的活动。就人的生存而言，这是动物无法比拟的。动物只能消极地适应环境来维持自己的生存，而人则可以通过劳动创造来实现对自然的主动改造，使其更适合于人类的生存。

可见，人有自然属性，但人的自然属性与动物的自然属性是既有联系又有区别的。在人的自然属性中充满了社会内容，人的自然属性是社会化了的自然属性。

2. 人的社会属性

人不仅具有自然属性，而且具有社会属性。社会属性是人与周围事物发生关系时表现出来的独有的属性。人的社会属性主要表现在以下方面。

首先，人会劳动，具有自觉的能动性。劳动是人有意识、有目的地改造自然、改造社会的活动。在人与自然的关系中，人借助于劳动工具，使自然界越来越服从于人的需要和发展。人作为自然的产物，虽然不能摆脱对自然界的依赖，但却完全可以超越于动物，通过改变自身机体来单纯适应自然界及其变化的本能活动，有目的地把自然界生存条件置于自身的控制之下。

其次，人的生存，具有社会联系。在社会生活中，个人不是孤立的存在者，而是彼此结合成不以人的意志为转移的经济关系、政治关系等社会关系。因此，人可以借助社会的力量来实现对自然界的支配和控制。人如果离开了现实的社会关系，不仅不能表现自己，而且可能连生存都无法维系。

（二）人的类本质

自由自觉的活动，即主体性，是人的类本质。

有人认为，抽象的方法是费尔巴哈研究人的方法，马克思只讲具体，不讲抽象。这实际上是一种曲解。马克思研究人的本质也用抽象的方法，只是与费尔巴哈不同。费尔巴哈讲的是单个的人，是在社会关系以外的孤立的人，因而他讲的类就是由这种孤立的个人组成的类。马克思也讲单个的人，但是是处于一定社会关系中的个人，他讲的类是处于一定社会关系中的个体组成的类。关于人作为一个类区别于动物的根本特征是什么的问题，马克思在《1844年经济学哲学手稿》中曾说过：有意识的生命活动把人同动物的生命活动直接区分开来，并指出，一个种的全部特征、种的类特征就在于生命活动的性质，而人的类特征恰恰就是自由的自觉的活动。可见，马克思把生命活动是否自由自觉作为人与动物的根本区别。恩格斯也说过，如果动物不断地影响它周围的环境，那么它是无意识地发生的，而且对动物本身来说是偶然的事情。但是，人离开动物越远，则对自然界的作用就越带有经过思考的、有计划的、向着一定的和事先知道的目标前进的特征。显然，人与动物的区别在于动物只能仰仗其受之于大自然的禀赋，对自然的适应是消极被动的。人则不同，人虽然也受之于大自然的禀赋，但人不仰仗它。人会为自己创造生存条件，人对自然的作用是有目的、有计划的，是自由自觉的活动。自由自觉的活动主要包括自觉性、自主性、创造性等方面。自觉性表明人明白自己行为的意图、指向和结果等；自主性指人有可能自觉地支配自己的活动，相对自由地选择、决定和调节自己的活动；创造性是指人以主动改变环境的形式，实现对外部环境的突破、革新和超越。

自由自觉的活动，主要是生产实践活动，是人这个类独有的。能动地、有意识地改造对象世界，是人区别于动物的本质特征。这种有意识的改造活动，就是自由自觉的活动。因此，自由自觉的活动既使人类同动物根本区别开来，又是人自身的本质或本性的确证或表现。

（三）人的现实的具体的本质

一切社会关系的总和，即人的社会性，是人的现实的和具体的本质。

人的自由自觉的活动，是人类区别于动物的根本特征。但在人类内部，这个人和那个人的本质区别又是什么呢？这就涉及一个人的现实的具体的本质问题。关于人的具体本质，马克思有过这样的揭示："人的本质并不是单个人所固有的抽象物，在其现实性上，它是一切社会关系的总和。"[①]诚然，人的自由自觉的活动表现在人与自然的关系上，就是劳动。人在社会性劳动中不仅形成了人与自然的关系，而且形成了人与人之间的关系，这种人与人之间的关系就是人的社会关系。随着社会的发展，人的社会关系变得越来越纷繁复杂、相互交错，形成一张错综复杂的社会关系网，其中经济关系是最基本的社会关系。人一生下来，就被置身于这张社会关系网中，成为社会关系网上的结，受到各种社会关系的制约。由于每一个人所处社会关系的时间、位置、条件和活动不同，因而就形成了一个人区别于另一个人的特殊的本质。社会本质是人的现实的和具体的本质。这是因为：

[①] 马克思，恩格斯. 马克思恩格斯选集. 第一卷. 北京：人民出版社，1997.

第一，人的活动离不开一定的社会关系，特别是离不开社会中的生产关系和经济关系。孤立的人是不可想象的。社会是人作为人存在所必需的形式。人是生来就不能独立的动物。一个婴儿出生后若不生活在一定的社会关系中，得不到一定的照料，很快就会死亡，而生来就与动物为伍的狼孩、豹孩虽具人形，但其回归人类社会后很难适应，无法像正常人那样生活。在人类早期，生产力水平极其低下，为了生存也为了避免动物和外族的侵扰，迫使人们团结起来，依靠群体的力量和智慧，从大自然中获得维持自己生存和发展的基本生活资料。在那种条件下，个人若离开社会，就有被动物吃掉，或者饿死、冻死的危险。

第二，现实的社会关系决定人的本质。人的本质是在与他有关的一切社会关系的影响下陶冶而成的。人在自己的一生中，在学习、生活、工作等活动中，不可避免地要和各种各样的人打交道，从而形成各种各样的社会关系。其中生产关系是一种最基本的社会关系。生产关系在阶级社会里，又体现为阶级关系。在阶级社会中，每个人都在一定的阶级地位中生活，隶属于一定阶级。阶级关系是阶级社会中人们的主要社会关系，所以人的本质也必然会受到具体阶级关系的制约。例如，在资本主义社会中，人们分裂为资产阶级、无产阶级及其他阶级。资产阶级出于追求高额利润的需要，无情地榨取工人身上的血汗，从而表现了其贪婪自私的一面；而无产阶级为了获取必要的生活资料，不得不靠出卖劳动力为生，从而表现了其勤劳、团结、互助的品格。当然，社会关系对人的本质的制约作用并不是一成不变的，人在社会关系面前也不是消极被动的，在激烈的阶级斗争中，原来属于某一阶级的人会背弃原有的阶级而转入别的阶级。这样，人的本质就改变了。

第三，人的本质只有通过一定的社会关系才能表现出来。具体地说，要了解一个人的本质，就要分析、考察与之相关的一切社会关系，如民族关系、阶级关系、家庭关系、同志关系等等；分析了解一个人在这一切与之相关的社会关系中表现出来的属性，然后进行考察，才能正确地把握一个人的本质。我们说一个人具有无私的品质，是因为他在处理国家、集体和个人的关系中，能自觉地以党和人民的利益为重；而一个腐败分子，大肆侵吞国家和人民的财产，则表现了人性的自私。

（四）人的本质随着历史的发展而发展

人的现实的本质是"一切社会关系的总和"。由于社会关系不是永恒不变的，而是随着社会生产力的不断发展而变化的，因而不存在永恒不变的、同一的人的本质。人的本质将随着历史的发展而发展。在人类历史上，与不同的生产力水平相适应产生了不同的社会关系，由此构成了不同历史上的人的本质。在原始社会，生产力水平极其低下，人们只有共同劳动、互相协作才能生存下去，没有剩余产品，仅有的东西也都是氏族成员大家共享的，没有私有观念、没有剥削。这种社会关系就决定了原始人的本质是淳朴无私的。自从有了剩余产品，出现了私有制，人类社会进入阶级社会，作为剥削阶级的奴隶主、地主阶级和资产阶级，由于他们既是社会生产资料的占有者，又是私有制的代表者，这就决定了他们的本质是极端自私的。但是，人的阶级本质并不是永恒不变的。社会主义社会，由于消灭了剥削，建立了社会主义公有制，从而使人的本质开始向积极的方面转化。马克思认为，只有到了共产主义社会，当社会实现对生产资料的统一占有的时候，阶级对立将不复存在，人的阶级本质也将彻底消灭。这时，社会进入一个崭新的时期："自由联合体"。在这种条件下，劳动不再是谋生的手段，每个人的自由发展是一切人的自由发展的条件。总之，人的本质不是永恒不变的，而是随着社会关系的发展而不断发展的。

综上所述，任何个人都是兼有类本质和社会本质的双重存在，并且随着历史的发展而发展。作为人的类本质表现出来的自由自觉的活动，展示了人的能动的、自主的和创造性的一面；而一切社会关系总和所体现出来的人的现实的、具体的本质，又表现了人受制于社会关系的一面。人的本质的双重规定使得人以其自由自觉的活动和受制于社会关系的双重品性集于一身。人的社会本质决定了人不能脱离社会而生存，社会是人生存和发展的现实的基础。人从发出第一声啼哭的那天起，其活动就受先于他所存在的一切社会关系总和的制约，并随着社会关系的发展而发展；而人的类本质所体现的自由自觉的活动，又表明了人在社会关系面前并不是无能为力的；任何社会关系对于每一诞生于其中的后来者来说也都不是一种不可改变的宿命。人可以用自己的本质力量来实现对现存的社会关系的改造，以创造更适合于人的生存与发展的未来。

二、人的认知

人与客观世界的宏观联系，主要包括人与自然、人与社会和人与自身三方面的联系。人们对人生关系的认识经历了一个从无知到有知、从肤浅到深刻、从片面到科学的漫长的历史过程。随着科学技术的不断更新、发展和人类实践经验的积累，人类在认识世界、改造世界的同时，对人生关系的认识水平也在不断提高，关于人生关系的观点渐趋正确，处理人生关系的能力越来越强，手段也越来越完备。

（一）人与自然

根据马克思主义的唯物论和辩证法，我们在考察了人生的全部关系后认为：人是客观世界发展的产物，人是客观世界的一部分，人与客观世界有着广泛的密切联系，人生是在与客观世界的联系中进行的，而且人生不是一个单独的过程，是整个客观世界演化过程的一个组成部分，人既依赖于客观世界，又具有改造客观世界的主观能动性，人与客观世界是辩证统一的。

人是大自然长期演变的结果。自然界是人存在的前提条件，人生是人对自然界的认识、利用和改造的过程。人生过程是自然界演化过程的一部分，是人与自然界之间进行物质、能量和信息交换的过程。

那么，什么才是马克思主义人生哲学关于人的自然观的正确表述呢？首先，人是大自然长期演变的结果，是大自然的一部分。据此来说，人与自然界的其他生物一样来自于自然，依赖于自然，受制于自然。人是大自然作用的客体，是被动的和不自由的。其次，人又是自然界中最特殊的部分。人有智慧，有主观意志，能劳动，能创造。就这一点来说，人与自然界的其他任何生物都不一样，人对包括自身在内的大自然具有主观能动性。人是大自然的主体，是主动的、相对自由的。按照马克思主义的两点论来认识人与自然的关系，就得出了这样一个科学结论，人既是自然界的客体，又是自然界的主体。研究人生过程，我们还可以得出进一步的结论，即人是在一定的自然规律支配之下通过劳动的纽带，而统一于大自然的主体和客体。这就是马克思主义人生哲学的人的自然观。

1.人生对自然的依赖性

人生的活动以自然物质为基础，活动内容多以自然为对象。首先，人生的活动受到自然空间的限制。作为人类，虽然来自大自然，却完全不可能脱离大自然这个空间，其根本原因是人还生活在大自然这个"母体"之内，需要大自然之母体供给人以阳光、空气、水、食物等必不可少的生活条件和生活环境。

其次，人生的活动受时间的限制。时间是自然界的另一个存在方式。人生活动受时间限制主要表现在以下方面：①人生活动受生命时间的限制。②人生活动受时间节律的限制。③人生活动受制于自然秩序和自然规律。

总之，人生依赖于大自然所提供的空间、时间和物质，受制于自然秩序和自然规律。离开这些，便无所谓人和人生了。

2. 人生对自然的主观能动性

首先，人生对自然界的主观能动性来自人脑的意识功能。人脑的意识功能主要表现在人的感知、记忆、思维、想象等意识活动中。它不但能反映事物的表象，还能反映事物的本质；不但能反映事物的存在，还能反映事物内部和外部的联系；不但能反映事物的现状，还能反映事物发展变化的趋势。意识活动的结果是人的意志行为。意志行为是人们按自身需要而作用于自然的主动行动，这就是有目的、有计划、有组织、有手段地适应、利用和改造自然的活动。

其次，人生对自然的主观能动性是通过劳动来实现的。劳动是人区别于动物的本质特征。人与动物的其他一切不同之处都是从人能劳动开始的，例如语言、意识、情感、理智和社会性等。恩格斯说："劳动创造了人本身。"人生对自然的认识和利用是从制造工具开始的。人类灵巧的双手正在指向遥远的太空和微小的粒子，劳动正在改变一切、创造一切。正像说书人讲的那样，世界上只有想不到的事，没有做不到的事。

再次，人生对自然的主观能动性是在社会条件下进行的。人类一方面是自然的产物；另一方面还是社会的产物，这是更重要的一方面。人类是天然的社会动物。人类从诞生那天起就形成了社会，人类的生活是在社会条件下展开的，人类对自然的能动性也同样是在社会的条件下进行的。人类作用于大自然的一切劳动都是集体的社会的活动。相对于动物来讲，人类个体在大自然面前是最无生存能力的。人类的一切理想、目的只有在社会条件下才能实现，人类的一切生活手段只有在社会条件下才能获得。

最后，人生对自然的主观能动性是借助于科学技术来实现并得到加强的。人的意识、劳动、社会性是人对自然发挥主观能动性的三个根本要素，但是这三个根本要素如果不借助于科学技术，其对于自然的主观能动性可以说是微乎其微的。每一次革命的结果，社会生产力都以几何级数提高。虽然科学技术能帮助我们大大提高改造自然界的能力，但是我们仍然必须牢记，人的意识、劳动、社会性是人生对自然发挥主观能动性的根本要素，同时也是科学技术的三个基本要素。若三者缺其一，特别是缺少劳动要素，人生的主观能动性和科学技术的发展都将成为不可能。

3. 人生与自然的辩证统一

人生与自然的统一，主要表现在人生必须适应自然环境，保持和生态系统的和谐统一。人类健康与自然生态系统是和谐统一的。此外，人生过程与自然过程是和谐统一的。

（二）人与社会

用辩证唯物主义和历史唯物主义的观点来观察个人与社会的关系，我们很清楚地可以看到：社会是由一个个个人组成的，个人是社会的基本元素，社会的本质是人。没有人，没有一个个活生生的人，社会是不存在的。人是社会历史的主角，社会历史是由一代一代亿亿万万个个人创造的。社会的存在、运行、发展是由人来维持和推动的。社会的存在方式、运动形式、发展方向、发展水平，便是人的存在方式、活动形式、发展方向、发展水平。从这个意义上来说，人是社会的主体，是社会的主人。这里当然包括我们每一个个人。但是，个人相对于人类整体来说，力量是单薄的，作用是微小的，其所面对的社会则是无比强大的。虽然社会是由一个个个人组成的，但是社会一经形成，便铸就了其坚不可摧的稳固结构，其运行是有规律的，其力量是无与伦比的，其趋势是势不可挡的，以个人的力量要撼动社会这棵大树，几乎是不可能的。

个人与社会的关系上，个人必须和社会保持一致，个人发展必须与社会发展保持一致，个人的一切思想、一切行为必须符合社会历史发展的规律和实际需要。逆社会历史潮流而动者是注定要失败的，是要被社会抛弃的。

1.个人对社会的依赖性

首先，我们认为，个体人生是特定社会中的人生。人的本质的获得过程，就是个体人生展开的过程。现实的社会条件和文化背景，预先决定并影响着一代人、一个人的本质和人生的大致状况。其次，人的活动是社会的活动，人生历程就是人的社会活动过程。这里有两层意思：一是人生的一切活动只能在社会中进行，离开社会的个人活动是不存在的；二是人生的一切活动都具有社会的、历史的意义，社会历史存在于一代代个人的活动过程中。再次，个体人生的需要只有通过社会才能得到充分满足，个体人生的价值只有在社会集体中才能得到体现。个体人生的需要乃是整个社会需要在个人身上的反映，个人需要建立在社会需要的基础上；反过来，个人需要也能促进社会需要，没有众多的个人需要的出现，社会需要也将不复存在。所以，个人需要与社会需要是相辅相成的。

综上所说，个体人生是在多方面依赖于社会的。没有社会，就不可能有作为个人的人的特性，也没有个体的人生和个体需要的满足，更没有个体人生价值的实现。

2.人对社会的主观能动性

我们虽然强调个人对社会的依赖性，但是我们更重视个人对社会的主观能动性。个人对社会的主观能动性主要表现在以下方面。

首先，个人对社会的主动适应。人类对自然的适应是能够做到积极主动有准备的适应，然而对社会的适应未必人人都能做到。消极被动无准备的社会适应，表现为对社会存在的一切、发生的一切不了解、不认识、不闻不问、无动于衷，就像水面浮萍随社会潮流漂泊不定，对社会的优劣或一概赞同或漠然视之，采取做一天和尚撞一天钟、到什么山砍什么柴的态度。积极主动有准备的社会适应则完全不同。积极主动有准备的社会适应，能使个体的社会化有较高的起点，能使个人在错综复杂的社会生活中始终头脑清醒，应付自如，游刃有余，实现自己的人生理想，实现自己的人生价值，为社会做出更多更大的贡献。

其次，个人对社会的主动利用。应当说，社会为我们所提供的物质条件、环境条件和精神条件经常是充足的，问题在于我们能不能充分利用这些条件来发展自己、壮大自己。虽然每个人都在利用社会的财富、社会的力量、社会的智慧，但利用的程度和效果却大相径庭。利用社会主要表现为两个方面：一是利用社会所提供的社会环境、时代环境、历史环境以及物质环境、精神环境、文化技术环境等；二是利用社会所提供的机会，如学习机会、工作机会、发展机会等一切可利用的机会，包括一次会议、一次参观访问、一次与人的谈话、一次旅行、一条广告、一条新闻报道等。

再次，个人对社会的主动选择。人生本身就意味着在各种可能性之间进行选择。个人对社会的选择包括两方面的含义：一是群体人生对社会制度、生产方式、发展趋势的选择；二是个体人生对社会生活内容和生活方式的选择。宏观方面来讲，人们对社会制度的选择、对生产方式的选择、对法律道德的选择、对生活方式的选择，要经过一代人甚至几代人的力量才能完成。微观方面来说，一个人的学业、专业、职业、工作地区、工作单位、婚姻、家庭、兴趣爱好、生活方式等纯属个人的一些问题，是个体人生对社会的选择，体现了个体的意志和主观能动性。

最后，个人对社会的主动改造。改造社会是人的主观能动性的最高表现。改造社会有两种情况：一是对社会制度的彻底变革，建立新的社会制度，选择新的生产方式；二是对某种社会制度的建设和完善。需要指出的是，对社会的改造不是个人单独进行的，而是个人通过与集体的共同努力进行的。

3.社会对个人的制约和保护

我们每一个人所面对的社会，并不是可以任其随心所欲、毫无顾忌地自由行动的天地。我们所面临的社会对个人具有强有力的制约。由于组成社会的所有人的共同利益的需要，社会形成了各种功能和使这些功能得以发挥作用的机制。社会对个人的制约最初是以道德形式出现的。道德对个人的制约是通过传统习惯、社会舆论和内心信念三个途径来实现的。如果说，社会中道德对个人的制约是比较温和的，那么法律对个人的制约则是强制的、有力的。社会对人的制约除了道德机制和法律机制以外，还有政治机制、经济机制、文化意识形态以及许多其他途径和方法，如政策、法令、规章、纪律等。

社会用道德、法律等来约束每一个个人，以维护整个社会的共同利益，而维护社会共同利益的最终目的，则是为了保护社会每一个成员的利益，使之得以实现并不被侵犯。所以社会对个人的制约，看似与个人对立，实质仍是为了个人。

三、人生观

为了能够简明地把握人生观问题，我们把人生的问题放在自然界、人类历史和现实社会的广阔背景中展开讨论，便于我们在更为开阔的视野中去考察人生。人生观是人们对于人生问题的根本观点、根本看法，它以人生为对象，是人们对生活的本质、目的、意义、价值的理解和看法。人生观影响着人们道德价值观念的形成以及道德行为，具体表现在幸福观、生死观、爱情观等方面。它回答了人为什么活着、人怎样活着才有意义的人生价值问题，对人生起着指导作用，这也是人生观的核心问题所在。

在社会生活的人，由于经济背景和政治地位不同，处于不同的社会关系之中，生活遭遇、所受教育和文化素质不同，所以形成的人生观也是不同的。人生观的形成必然会受到社会环境、经济条件和政治认识的制约，处于不同阶层的人，可以自由选择自己的人生观。

（一）人生观的内容

从性质来看，人生观有两个不同的内容，即个人主义的人生观和为人民服务的人生观。个人主义把个人与社会对立起来，一切从个人需要和个人幸福出发，反对统一的社会价值标准，个人主义发展到极端，就形成了个人主义的人生观。持个人主义人生观的人为了个人利益而不择手段地损害社会和他人，而为人民服务的人生观是把人民的利益摆在首要位置，一切从人民的根本利益出发。一个人如果树立了为人民服务的人生观，就能够真正地理解人生的意义，就能够把人民群众的利益放在心上，为人民群众做好事。人的能力、职业、性格和个体条件虽然不同，但只要树立了为人民服务的人生观，就能够时时处处为人民着想，时时刻刻为人民服务。这种全心全意为人民服务的精神应当成为我们这个时代的最崇高的精神。树立全心全意为人民服务的人生观，才能成为一个高尚的人，一个纯粹的人，一个有道德的人，一个脱离低级趣味的人，一个有益于人民的人。这在当代具有更重要的现实意义。

（二）人生观的核心——人生目的

人生目的作为人生观的基本内容，是指人们所追求的贯穿于自身一切活动的有动力作用的最终目标。它要回答的是人为什么活着的问题。对人生意义和价值的不同理解，形成不同的人生目的。人生目的是人生观的核心，人生目的决定走什么样的人生道路、持什么样的人生态度以及人生价值标准的选择。

古今中外，人们对这个问题的回答形形色色、五花八门，形成了多种多样的人生目的，也导致人们走上了不同的人生之路，书写出了不同的人生历史。

那么，现在有哪些人生目的可供我们借鉴呢？概括起来有如下几类。

有的人追求享乐，宣扬"人生在世，吃穿二字""人生如梦，及时行乐""今朝有酒今朝醉"。他们把人的需要都归结为生理需要，把追求感官快乐，满足个人物质欲望、享受作为人生的目的。以此为人生目的的人，可能对金钱有无限的渴望，因而为了满足金钱欲，有可能铤而走险，触犯国家的法律，走上犯罪的道路。

有的人认为"浮生若梦，得过且过""看破红尘，涉世无缘"。在他们看来人充满烦恼，毫无乐趣和意义，一切只能听天由命，因而消极、悲观、厌世，甚至逃避现实，轻生出世。以此为人生目的的人，必然一生无所成、无所得，只是了此一生。

还有人认为人生在世，"无非名利二字"，因此，"生则计利，死则虑名""人过留名，雁过留声"。以此为人生目的的人，必然拼命地追名逐利，甚至有可能采用不正当手段，即使获得了名和利，最终也会身败名裂，遭人唾弃。

有的人则主张"宁可少活十年，休得一日无权""权力毕竟是人生头等的快乐"，这是权力至上的人生目的，他们从权力的作用出发，认为有了权力就有了一切。以此为人生目的的人，必然不惜一切代价追逐权力，而当一朝权在手，则把令来行，以满足自己的私欲。

有的人则主张"人生为大众，营私以为羞"，认为自己活着就是为了使别人生活得更美好。以此为人生目的的人，虽然可能会默默无闻，但他们一生活得潇洒、率性，不仅会受到人们的尊重，而且会在人们的心中得到永生。正如人们所说："人们只有为同时代的人完美、为他们的幸福而工作，才能使自己也达到完美。"唐诗中有一首诗是这样写的："不论平地与山尖，无限风光尽被占。采得百花成蜜后，为谁辛苦为谁甜？"一个人有了高尚的人生目的，就不会被困难、不幸所压倒。他会被崇高的人生目的所吸引、所鼓舞，从而大大增添克服困难、战胜不幸的勇气和力量。

人生目的是人生的根本问题，它对一个人的一生起着重要的作用。首先，它决定了人生追求的根本方向。其次，它决定了人生的根本态度。最后，它决定人生的价值。我们要使自己的短暂人生充满意义，具有比较大的价值，就必须确立高尚的人生目的，指引着自己走完人生旅程。面对当前存在的各种各样的人生目的，你一定要慎重选择，三思而后确定。因为，它将决定你的一生，决定你的人生道路，决定你的人生态度，决定你的人生价值，决定你写出一部怎样的人生历史。"路是脚踏出来的，历史是人写出来的。人的每一个行动都在书写自己的历史。"但是，在人类的历史上，有的人以自己的行动为自己记下了光辉的一页，有的人则以自己的行动为自己书写出污浊的一章。

第二节　人生的阶段与特点

一、人生阶段

世界上万事万物，都不是凝固不变的，都处在不断运动变化之中，并表现为一个有规律性的发展过程。大至宇宙天体，小至一个细胞，都有其自身的、与外部事物相互作用的运动规律，要经历产生、发展、消亡和转化的过程。

人生的过渡或转化，就生理的变化来说，都纯属自然。生命是自我行动着的存在。就其自然而言，每一个生命阶段都是完成了的规定。人从童年到老年，每前进一步都是按自身条件和自然规律规定行进的，是生命的自我规定。各个阶段的生活，是极其复杂和多变的，人生从一个阶段向另一个阶段过渡，要有充分的心理准备。

（一）神学家——童年阶段

在人生过程中，儿童常常被称作"神学家"或"幻想家"。这种戏称表明，童年的人生还是处在现实的人生视野之外的，严格地说还没有真正进入人生。从人生论的角度看，要从脱胎人世算起；再进一步，从人进入社会生活来说，幼儿还没有进入社会实践，从这种意义上也可以说还没有进入人生，叫作"童年阶段"。童年阶段主要是指具有一定意识的时期。儿童作为一个独立的个体，其人生也构成一个独立的阶段，而且是全部人生的预备阶段。在这个阶段，要满足生理的需要，为人生的身体素质打下基础；要发展心理、智力的能力，为人生复杂的未来生活做好准备；甚至还要初定人生的目标，养成影响一生的生活习性和精神气质。所以，儿童阶段对人生过程如何发展是很重要的。欧洲一些国家的科学家，于16世纪开始便划分出儿童期进行专门的研究，并建立了多种研究儿童的学科，为人生研究提供了重要的科学根据。有的学者甚至认为，儿童期的发现为人类了解自己开辟了新天地，其重要性在某些方面要胜过人生的其他阶段。

科学证明，人的生长期一般到20岁左右。在生长期中，儿童的生长发育对后来的生长影响很大，特别是大脑的发育至关重要。按照一般发展规律，幼儿大脑在头5个月是细胞数量的增长，此后便是脑细胞尺寸的增长。在这个过程中，细胞的分裂与生长是相互联系的，但两者相比，数量的增长更为重要，因为尺寸的增大在以后还要进行。在发育的这个时期，如果营养不良或遭遇疾病，其损害将会影响终生。荷兰心理学家德·利维古德指出，儿童的身体发育与大脑发展之间有着联系，胃部的轻微不适或其他疾病都会使儿童变得易怒和呆滞。他认为在儿童发育初期，身体与大脑发展的联系带有绝对性，这种情况直到青春期才会结束。

儿童的心理、智力发展过程比较复杂，也很难分出明确阶段界限。一般来说，儿童心理和智力的发展是在与外界环境相互作用中，在与成人的相处关系中进行的，有一个较长的自我意识和自我体验的发展过程。这就是所谓"认知的存在"，而非"意志的存在"的基本特征。因为，儿童面对敞开的世界充满新奇幻想，以致常常想入非非；世界对他们充满诗意，而热爱和了解世界似乎是他们天赋的使命。在道德方面，他们开始学习、模仿，接受家庭和学校的约束，形成道德行为的他律和幼稚的自律阶段。

事实上，道德是自觉的意志选择，儿童阶段作为"非意志的存在"，可以说还没有真正进入能够做出道德选择的阶段。当然，这是就道德主体的整体能力而言的，并不是指儿童行为的一切方面。儿童在行为某些方面也是有善恶意识、能够做出道德评价和选择的，往往是幼稚的自律，还没有进入成熟的自律。儿童阶段天真单纯，自由自在，享受着人生的权利，而不承担人生的义务。尽管如此，伦理的人生要求，还是应该让儿童在享受权利的同时，逐步懂得人生应尽的义务，不断增强义务感、责任感，使他渴望成为一个真正的人。不过，在现代科技、传媒迅速发展和普及的条件下，儿童的发育、成长都比较快，更多英雄出少年。

（二）诗人——青年阶段

青年时期是人生的关键阶段，被称作"诗的年代"。在这个阶段，身体的生理发育成熟，不断增强的体质和精力推动着青年的发展，完成从儿童到成人的转变。一般来说，这个转变包括自我意识的成熟、社会情感的丰富，特别是爱情和事业情感的增强、智力和处世能力的增强、道德选择和承担责任能力的增强等等。青年时代热情洋溢，志在四方，是一个接受任务从而改变自我的时期。

青年时期，按照国际通行标准是15～44岁。一般又把18岁定为成人标准，即所谓成熟时期。青年时期人生活动，在很大程度上是由内向外的，是超越自我的。面对纷杂的社会期望和要求，要去实现各种人生目标；要去学习无限的知识和技能；要独立地养成自己的品行和性格；要成家、立业，取得社会地位和荣誉。所有这些任务，每一项的实现都会遇到困难，都要付出青春的劳苦和美好的时光，而其中任何一个重要目标没有实现，或者没有很好地实现，都有可能在远期影响其一生的发展和成就。因此，青年阶段是人生承上启下的关键阶段。

青年时期最重要的问题，是认清这一时期与所生活的时代和社会现实之间的关系，这是一个自我发展和自我确定的关节点，在这一点上，最困难的任务就是人生观的确立。当今世界进步的步伐太快了，要在这个世界上生存、发展、成功，就必须跟上时代，提高自己，努力奋斗。如何自我确定同时也是自我限定，这就是要确定目标、学习知识、认识社会、扮演角色，从而能够自尊、自重、自立、自强。正因为这样，青年处于一个矛盾时期，即人生成熟与生理成熟的矛盾时期。身处复杂的但又不能完全驾驭的生活之中，有希望，也有困惑。

那么该不该因此就裹足不前、贪图安逸呢？不应该。青年人之所以是青年人，正是在于他有历经风雨的头脑、胆量和时间。充分利用这种有利时机，就能得到一种向成年和成就的更高阶段跃进的动力，从而完成人生的关键转折。再说，前代造下的失误，需要青年去纠正；社会布下的陷阱，需要青年去拆除。这也是人类历史发展的不可抗拒的残酷性。

青年时期的一般弱点是容易使理智趋于极端，而理智发挥极端，就会转化到它的反面，产生不切实际的幻想。有生活阅历的人，很少做非此即彼的抽象思考，而青年人总喜欢驰骋于抽象概念之中，好做非此即彼的抽象思考。所以人们常把青年比作"玄学家"。对于青年来说，要成功地实现人生的关键转变，必须在坚持理想和热情的同时，力求切近现实、增强冷静的判断能力。在参与社会改造和创造的过程中，注意尽可能早地掌握一些实用的知识、技能和处世本领。一般来说，人的创造力最活跃的时期在25～40岁之间。所以，要力争在40岁前作出成就，取得成功，不仅是人生的宝贵经验，而且也是国家、民族的期望。

（三）小说时代——中年阶段

中年阶段，是生理和心理上从发展到达平衡的时期，是丰富的内心生活和广阔的外部生活发展的时期，人称"小说时代"。在这一阶段上，个人的人格已经定型化，自我形象已经清晰可辨，个人对自己更有信心，对事业也更加坚定。一般来说，人到中年，由于生活和事业所累，已摆脱不切实际的幻想，更多的是用经验和理智指导生活，其实际活动主要包括两个领域：工作和交往。所谓工作，包括一切对象性活动即体力劳动和脑力劳动；所谓交往，包括一切人际交往、爱情、友谊、家庭及社会事务。成年人的人格、成就感、价值评价，都是在这两个领域的活动中确定的。这是一种重要的人生转变。黑格尔曾对这种人生转变做过生动的描写：青年人在此前只注意一般的对象，只为自己工作，现在他正变成男子，他必须进入实际生活，为别人做事，并且注意小事。黑格尔认为这是在常理之中的，但对一个不大适应这种转变的人来说，也会成为痛苦的事情。由于不能立竿见影地实现理想，很可能患上怀疑病，无法克服自己对现实的怀疑、厌烦、憎恶态度，因此处于相对无能的状态，而这种相对无能在一定程度上，到一定时期就会变为真正的无能。

中年阶段最重要的伦理要求是要目标坚定，恪尽职守，充分发挥才能，立德、立功、立言。如果说这一阶段的人生在于奉献的话，那么奉献的大小就在于尽责的多少。工作、劳动和交往，即职业生活，确定了中年的社会角色，这是成功的必由之路和根本手段。所以，青年人应知进取，中年人应力求成功。

一般说来，人到中年，生活之路是最艰难的。从生活上说，上有老下有小，不免家室之累；从事业上说，有最多最重的工作，承担最多最重的社会责任。因此，人到这个阶段要奋发图强，开拓进取，贡献社会，完善人格。四五十岁，历经求学、就业、立家和各种坎坷，有了一定的生活经验、工作经验和社会经验，有些人已经有了重要成就，担当了重要的社会角色，可谓如日中天。然而，年过四十以后的人，生理状态和心理境界开始变化,也易于使人产生安守现状、不求有功但求无过的想法。有的人则随波逐流,或在富贵中堕落,或在穷困中沉沦。因此,中年也是人生的一个岔路口。从这里出发仍然有上坡路和下坡路、正与邪之分。许多人一到40岁,就会自然地发出"人生似箭"的感叹,重新唤醒生命意识。这是人生之常情,寿律之定理。如若人到中年仍不知扬鞭奋进,建功立业,到耄耋之年回首往事必有遗憾。而中年省悟,疾步挺进,也还为时不晚。年年岁岁花相似,岁岁年年人不同。步入不惑之年的中年人,应及时感悟人生不惑之真意,扬帆启程,再度拼搏。

(四)散文时代——老年阶段

人生的老年阶段被喻为"散文年代"。人到老年阶段,无疑是生理、心理机能衰退的阶段。在这一阶段上,人们一方面要同衰老、死亡搏斗,同时开始把视线收回,关注内心,反思人生,总结经验,仿佛要重新体验人生。按照消极、悲观的说法,人到老年已是跨过人生之山巅,看到了死神的真面目,悲凉忧戚之感代替了人生的愉悦。但是,人生的真实绝非仅此。事实证明,人到老年,生理、心理机能虽然衰退,智力并未大减,而在哲学的智慧方面反有增强,反省思索比中青年更加成熟,并且保持着一定的创造力。一般说来,青年富于直觉,而老年人则长于深思。

值得注意的是,人到老年阶段,倾向于内心的善德,同时善于用道德标准评价别人和别人的品行。一些老人眼界比较开阔,道德评价比较温和、宽容,但也有一些老年人随着思维方式的僵化、偏执,往往产生狂热的说教癖,这也是许多老年人与青年人思想和生活不融洽的重要原因。

以上所述人生阶段,只是人生各阶段的一般描述,而且是挂一漏万、失去五彩缤纷的素描。有人说少年在求健康、青年在求进取、中年在求成功、老年在求安乐,不无道理。有人说天赐梦幻的童年、热血沸腾的青年、吃苦耐劳的壮年、羸弱可怜的老年也是事实。有人说少年的浪漫、青年的热情、中年的理智、老年的明达也是生命的基调。人生有预料不到的境遇,有尝不尽的滋味,不到那一步就体味不到。在人生的链条上,缺少哪一环,都不能完成和完善人生。应该说,用任何言语描述和概括都难以表达复杂、多变的人生阶段。

人从呱呱落地,经过幼童年、少年、青年、壮年,进入老年,最后不可避免地走向衰亡。这是人的生命客观发展规律。但是,人与其他动物不同,人具有社会性和创造性,所以,人的生命过程并不是一般生物学意义上的、简单的生理过程,人的自然生理过程，只是人生历程的物质载体。这表现为人在不同发展阶段，更换和确立不同的社会角色，建立不同的社会关系，从社会获取向社会付出；同时，不断接受社会对个人的要求和塑造，个人对社会的适应、选择乃至改造。因而，我们的人生道路，并不是完全受客观力量支配的被动过程，而是既受客观环境、条件的制约，又能发挥个人主观能动作用的过程。所以，我们应该正确认识和把握生命历程各发展阶段的优势和劣势，充分发挥人的主观能动性，创造美好的人生。

二、人生的花季——大学时代的特点

青年期是人的生命力最旺盛的时期，是奠定人生基础、确定人生道路起点的最佳时期。如果说"一年之计在于春"，那么，一生之计就在于青年期，所以，必须牢牢把握、珍惜人生这段最宝贵的、最美好的时光，绝不要让这宝贵时光白白从身边流逝，以致后悔莫及！

大学时期，又是青年期至关重要的一个环节。对于大学生来说，人生就像五彩缤纷的梦，像隔着迷雾望远景，又是数学方程中的X未知数。如何揭开谜题，解开方程，以豁达的胸怀去开创一个美好的人生？这是要探讨的问题。大学时代，既是每个人增长学识的重要阶段，又是人生观形成的关键时期。大学生是未来中国发展的希望，是祖国复兴的中坚力量，其成长状况直接关系到祖国的未来。

（一）当代大学生的特点

在大学生面前，既有美好的前景，也有许多意想不到的陷阱，尤其是在充满陷阱的时代。当然，人的一生都有可能遇到陷阱，但大学生时代所能遇到的陷阱会最多、最大、最险。大学时代的学生，更加务实、更加多元、更加开放，这显示出了当代大学生强烈的现实主义倾向。

一般具有以下特点：

（1）实现自身的价值成为当代大学生比较普遍的人生诉求，他们雄心勃勃，向往未来，对前途充满希望。大学生富于理想，正积极地追求、设计、开创自己的未来。

（2）更强调自我的主体性，认为实现自我价值是大学生人生的主导思想，更加关注与自我联系密切的社会现实，更多地去追求一些较为明确的、务实的人生目标。

（3）有一种勇往直前、富于冒险的精神，敢想、敢干、敢闯。大学生最少前怕狼后怕虎的顾虑，没有陈旧观念的束缚，富有创新精神，容易接受新事物。所以，人们说：自古英雄出少年。

（4）精力充沛，记忆力强，求知欲旺盛。兴趣广泛，充满好奇心，看到什么新鲜事物，都想尝试。这是学习的最佳时期。

（5）思想单纯、真诚，大学生之间，最容易建立起真挚的友情。处世待人，往往充满热情和富于同情心。

（6）开始产生对爱情的憧憬和追求，或很快进入热恋。对婚姻、家庭的思考，往往充满浪漫色彩，并开始承担家庭中的义务。

这些特点都是青年人的可爱可贵之处，是人的生命力旺盛时期的外在表现。青年期正如一年的春季，繁花似锦。这是人生最宝贵的时光。如何把握好这一段时光，关系到人一生的发展。

当然，一切事物都是矛盾的对立统一。大学时代的学生也具有不足和弱点：

（1）缺少社会实践经验，没有经受生活的磨砺、锤炼，因此，头脑往往比较简单，把一切事情看得很容易，处事草率。遇到困难和挫折，容易垂头丧气。

（2）对许多社会现象，缺乏全面、深入的分析和辨别能力，对一些社会问题的看法，往往具有片面性，容易偏激。对社会不良现象的诱惑，尚缺乏抵御的能力。所以，常常是一方面愤世嫉俗，牢骚满腹；另一方面对自己又要求不严，缺乏自制力。

（3）思想容易摇摆不定，在选择工作岗位时，常常眼高手低，或这山望着那山高。做事不定性，喜欢与别人攀比，缺乏脚踏实地、埋头苦干、干一行爱一行的精神。

有位著名作家不赞成过多地颂扬大学生，因为对大学生的颂扬多半是着眼于学生时代拥有无限的发展的可能性。但是，在他看来，这种可能性落实到一个具体大学生身上，往往是窄路一条。错选了一种可能，也就失去了其他可能。若说大学生人生的日子还长，还可以重新选择，那只是理论的设想。实际上不大可能，因为每个人都生活在一定的社会关系中，都被种种客观条件所限制，重新选择的自由度是很小的。因此，即使不是一失足便成千古恨，一次选择的失误也会留下终生的遗憾。

（二）艺术类大学生的特点

笔者曾经对艺术类大学进行过大型调查，也总结出艺术类大学生的思想现状，呈现如下特点：

（1）政治立场明确，理想信念淡薄。调查显示，有84.5%的学生对"中国大学生应该用中国特色社会主义理论体系武装头脑，确立献身建设中国特色社会主义事业的政治方向"表示赞同或基本赞同；有71.6%的学生表示愿意加入中国共产党，仅6.2%的学生表示不愿意，最主要的原因是意识到个人条件的不成熟；超过92%的学生对共产党员给以正面的积极评价。

（2）奋斗目标务实，价值观功利化。在回答"你的生活目标"的时候，26.6%的学生回答"以赚钱为目的"，22.1%的学生回答"被周围人肯定"，23.1%的学生回答"衣食无忧"，仅有9%的学生回答"为社会作贡献"。在回答是否赞同"及时行乐"时，64.6%的学生表示赞同或基本赞同，22.1%的学生表示不赞同。在回答"人生价值取向中，你最赞同什么"时，前三位依次为人格是否高尚（70.2%）、是否为别人所认可（46.3%）和"对社会贡献的大小"（41.6%）。在回答"人的本质是自私的"时，有71%的学生表示赞同或基本赞同，22.5%的学生表示不赞同。当问及"你选择职业的主要依据"时，53%的学生选择"经济收入与福利"，33.8%的学生选择"实现个人价值"。在问及消费观时，排在前三位的分别是"实惠"（73.4%）、"品位"（53.9%）和"耐用"（52.1%）。

（3）文化消费多元，追求感官刺激。在问及"你最喜爱的栏目"时，选择呈现多元化的趋势，既有《康熙来了》《极限挑战》等娱乐类节目，也有《小强热线》《今日说法》等社会类节目，还有抖音、小红书等流量主播类节目，让人意外的是学生对诸如《中国好声音》《星光大道》《名声大震》《舞林大会》等选秀类的喜爱程度远低于上述的栏目。在"最崇拜的人（最多选三项）"的选择中，杨丽萍、姚明、刘德华、肖邦均超过200位，只有肖邦超过300位，出乎意料的是仅14位学生选择"李宇春"，占2%。问到"你喜爱的书籍类型"时，言情小说、畅销书、时尚专栏随笔、漫画等居于前列，而对于武侠小说、历史小说等兴趣不大。

（4）知识结构单一，艺术素养薄弱。问及"你一般比较关注哪方面的信息"时，前三位依次是"国内新闻"（72.2%）、"娱乐"（67.1%）和"国际关系"（41.6%），而"股票和军事"只占19%。在问及"叔本华、维特根斯坦、海德格尔、哈贝马斯、瓦格纳，你知道几位"时，28.8%的学生回答是1位，48.6%的学生1位也不认识。在问及"王国维、朱光潜、韩美林、李泽厚、门德尔松，你知道几位"时，回答知道3位、2位、1位、0位的分别占22.5%、22.1%、25.3%和18.8%。只有68位学生熟悉亚里士多德，19位学生熟悉小仲马。在问及"最熟悉的电影"时，调查列举了《美国美人》《教父》《辛德勒的名单》《星球大战》《卧虎藏龙》《沉默的羔羊》《拯救大兵瑞恩》《美丽人生》等几本经典名片，在多选的前提下，结果仅有《卧虎藏龙》超过了半数。

（5）合作意识明显，自律能力不强。调查显示，回答"你认为艺术类高职学生与其他学生最大的区别是什么"时，有51.7%的学生回答"个性鲜明"，48.9%的学生回答"打扮新潮"，44.6%的学生回答"表现欲强"。在回答"你愿意与别人合作吗"时，90.8%的学生表示"愿意与别人合作，分享成果"，另有4.7%的学生回答"愿意与别人合作，但自己独享成果"，仅有4.5%的学生回答"不愿意与别人合作"。在回答"个人利益应服从国家、集体利益"和"人与人之间应该相互关心"时，分别有89.7%的学生和94.8%的学生表示赞同或基本赞同。在回答"你是否赞同无论什么情况都要最大限度地满足个人利益"时，70.7%的学生表示不赞同。在对日常行为的调查中，我们发现学生行为习惯散漫，61.9%的学生偶尔会"抄袭作业或者论文"，60.4%的学生偶尔会"上课或者开会时聊天、看杂志、吃东西"，55.2%的学生偶尔会"在寝室和其他公共场合大声喧哗、嬉闹"，42.9%的学生偶尔会挤电梯，38.2%的学生偶尔会"逃课旷寝"，37.6%的学生偶尔会"在食堂买饭插队"。

（6）学习兴趣不浓，就业压力较大。调查显示，在回答"你为什么选择你所学的专业"时，56.2%的学生回答"个人兴趣"，37.1%的学生回答是"歪打正着、父母要求和就业压力"。在回答"你喜欢你所学的专业吗"时，23.3%的学生回答"非常喜欢"，57.8%的学生回答"还可以"，10.5%的学生回答"不喜欢"，问及"你有过换专业的打算吗"时，41.6%的学生回答"偶尔有"，10%的学生回答"经常有"。

当问及"导致你心理压力的最主要的原因"时，59.1%的学生选择了"就业压力"。对未来就业的前景，41.8%的学生表示"乐观"，22.1%的学生表示"悲观"，还有29.6%的学生表示"不清楚"。对于自己比较赞成的就业观，53.9%的学生认为"有能力的人在平凡的工作中也能创造出不平凡的业绩"，只有14.6%的学生认为"成绩好、能力强都不如有个'好关系'"。

（7）课余时间单调，网络影响深远。在问及"课余时间你投入精力最多的活动"问题时，65.7%的学生回答"上网"，大大超过47.8%的"专业学习"和39.1%的"社会活动"。问及"平时时事信息的最主要的来源"时，66.2%的学生回答"网络"，排在第二、三位的是"别人的谈论"和"电视"，分别占10%和7.7%。在问及"上网的频率"时，平均每天上网"6小时以上""4～6小时""2～4小时"的学生分别占17.8%、27.1%和26.5%。在问及"你上网最常点的'菜单'"时，前三位依次是，76.9%的学生选择"聊天"，"查资料"和"听音乐"分别占63.5%和56.6%。73.4%的学生上网遇到过不健康的内容，31.6%的学生认为网络中不健康的思想对大学生产生较大的负面影响。

第三节　人生的态度与道路

矛盾无处不在，在人生的道路上亦是如此，客观存在着种种人生矛盾。马克思主义人生观认为，人生的发展，需要在不断解决各种人生矛盾的过程中来实现。人生态度既制约着一个人对人生矛盾和问题的认识与把握，又影响着个人的精神状态和人生走向。

一、人生态度

人生态度是人生观的重要内容，是人生观的表现和反映。所谓态度，是个体对待人或事物的稳定的心理倾向。人生态度是指人们通过生活实践所形成的对人生问题的一种看法、行为倾向及稳定的心理倾向。人生态度是人们对人生的知、情、意的统一。

（一）人生态度的重要作用

从社会发展的角度出发，人对社会发展所起的作用看，人生态度可分为三个不同层次。

第一层次，是消极无为，无益于社会发展进步的人生态度。这在现实生活中有各种具体表现形式，如得过且过、不思进取的人生态度；追求享乐实惠的人生态度；怨天尤人，只知"批判社会"的人生态度；极端利己主义的人生态度等。这些无一不是从个人利益出发，以个人利益为一切的中心，从不考虑为社会尽义务与责任，更不用说推动社会发展了，严重的极端利己主义者，甚至会将个人与社会集体对立起来。

第二层次，是积极有为，有益于社会发展的人生态度。在不同的历史发展阶段，都会涌现出一批为后人所称颂的优秀分子。尽管他们身份各异，社会历史环境不同，担负的历史角色也不一致，但总体上他们对整个社会的发展都作出了自己的贡献。他们信心坚定，经得起各种挫折困境，他们的人生态度，常为不同时代、不同社会、不同阶级立场的人们所称道，成为后人学习的榜样。

第三层次，即最高层次，是为解放全人类而奋斗终生的无产阶级人生态度。他们以科学的世界观、人生观为基础，在对待人生的苦与乐、名与利、荣与辱等各种问题上，都能自觉地以实现共产主义为远大理想，以无私奉献、造福社会为生活目标，能够正确地认识社会的本质及其发展规律。他们不仅有坚定的信心、顽强的毅力，同时，还能科学辩证地分析问题。

作为跨世纪的一代，时代要求青年知识分子树立正确的人生态度，将个人和民族振兴、祖国强盛这一历史命运紧紧相连。我们今天所处的是怎样一个时代呢？从世界范围看，新技术革命浪潮席卷全球，带来了机遇，也带来了挑战，需要大批人才的涌现去搏击风云。从国内看，改革开放和加快经济建设已成为不可动摇的时代主题。这是一个变革创新的时代，为大学生的成长发展提供了广阔的背景和活动舞台。时代要求青年学生在改革开放的历史洪流中，树立与时代精神相一致的人生态度。

首先，要有积极开拓进取的人生态度。人生的价值体现在创造中，实现人生价值绝不是可以观望、坐等的，而是要不断地开拓与进取，在奉献社会和实现自我的过程中确认人生的价值。安于现状不思进取的态度是消极的，是人生的最大敌人。时代不欢迎也不需要那些平庸的知足和无聊的安逸，那些不求有功但求无过，坐享其成无所作为的人生态度，也必将在改革开放的洪流中被淘汰。只有锐意进取、奋发开拓才能不负时代的厚望，才能体验自我潜能和生命价值得以实现后的人生快乐。

其次，要有自信乐观的人生态度。时代要求年轻人永远对社会抱有信心，对人生充满希望。一切要建立在对社会、对自我的科学认识上，自信不是自狂，乐观也绝非盲目，而是从理性和实事求是的角度出发，把社会需要与个人志趣能力相结合，审时度势，以求最大限度发挥个人的潜能。

再次，要有服务社会的人生态度。人生之路不能脱离社会实践。时代要求我们自觉地把个人生活与社会事业相结合，即在确立人生态度时，着眼于社会。那种只知追求自我价值的实现而忽视社会价值，只讲索取、不讲贡献，只强调个人权利而轻视个人对社会的义务责任的人，只会造成个人和社会难以协调的矛盾，是与时代要求格格不入的。

最后，时代还有一些具体的对人生态度各方面的要求，如敢于竞争、善于合作等。

（二）敢于竞争

何谓"竞争"呢？通俗来讲，竞争就是为了自己的利益跟人争胜。可以说，生活中时时处处存在着竞争，如果我们以积极的态度迎接挑战，将会达到完善自己、取得优异成绩的效果；如果无视竞争或竭力回避竞争，那么我们将会一事无成，最终会成为闭关自守、逃避生活的弱者，终究会被时代所淘汰。之所以要抱持竞争的人生态度，取决于以下几个方面。

首先，这是由我们国家的国情决定的。世界经济论坛每年都要对世界主要国家的竞争力进行统计排名。结果发现，排在前面的大都是发达国家，我国排的位置比较靠后。我们知道，一个国家的竞争力是由经济发展水平、科技文化水平及国民的竞争意识等因素决定的，而我国在这些方面，显然与发达国家有相当大的差距。这对我们参与国际竞争构成了很大压力。我们必须保持清醒的头脑，奋起直追。

其次，这是由我们所处的时代所决定的。随着新世纪曙光的到来，人类社会将跨入一个新的里程碑——知识经济的时代。新的时代，我们面临的任务将更艰巨、竞争会更激烈。地球村新概念和新媒体的出现，形象化地概括出当今世界的一体化进程，要求我们从现在起就要有目的、有意识地培养我们竞争意识及能力。

最后，这是由我们青少年的实际情况决定的。不久前，我国的青少年与发达国家的青少年联合举办了一次夏令营活动，内容包括科技竞赛活动、文化娱乐活动、交友活动和生存竞赛活动等。活动的结果也给我们广大青少年敲了一个警钟。从基础知识的牢固程度及知识面来讲，我国的青少年优于发达国家，但在独立性、创新性及竞争性方面，与发达国家的青少年相比有着明显的差距。我们一些青少年连最起码的自理能力都不具备，更谈不上参与竞争了。我们青少年是祖国的未来，如果将来仍以这样的状态参与国际竞争，后果是非常令人担忧的。我们青少年是向往进步的，但关键是我们应该有目的、有意识地培养竞争意识，提高自己的竞争力。

那么，我们青少年应该如何提高自己的竞争力呢？

首先，要敢于竞争。一个缺乏竞争精神的人，即使有很高的才能和智慧，也不可能在工作中做出突出的贡献。因为他不敢参与竞争、害怕竞争，从而也限制了才能的发挥。相反，一个人如果有了强烈的竞争意识，他的才能和智慧就会在竞争中不断得到发展。

其次，要善于竞争。对于我们青少年来讲，竞争的目的不是战胜对方，而是在竞争中发现自己的缺点、弥补自己的不足。通过对比，我们可以发现自己的优点和特长，从而有意识地发光。总之，要通过相互之间的竞争达到完善自我，进而提升自己竞争力的目的。

再次，要学会自我激励。竞争的最高境界是自我竞争。我们要不断向自我提出更高的奋斗目标，不断超越自我，才能到达理想的彼岸。

另外，要自觉地提高自己的竞争素质。竞争的实质是知识、智慧和意志力等综合实力的较量。因此，我们要刻苦学习文化科学知识，不断提高自己各方面素质，才能在激烈竞争中立于不败之地。如果只有竞争的胆识而缺乏竞争的实力，那么，一接触便会很快地败下阵来。

（三）善于合作

什么是合作呢？通俗地讲，合作就是相互配合来共同完成某一件事。有人讲，在现代化社会，团结人是一个大本领。从管理学的角度来讲，这种说法确实有一定的道理。实际上，在我们现实生活中，人与人之间始终存在着或多或少的相互合作关系，只是由于我们没有意识到罢了。在某种程度上来讲，人与人之间的合作关系也反映了人的本质。正是由于人类社会中合作关系的存在，才使人类社会得以产生、延续和发展。

既然合作关系贯穿于人类社会的始终，在我们的生活中时时处处存在合作关系，为什么仍要强调合作呢？这是因为，首先，在现代社会里，人与人之间的合作关系比起传统社会的合作关系更复杂。1996年，联合国教科文组织曾把"学会合作"看作是现代教育的四大支柱之一而提出来，由此可见学会合作的重要性。我们知道，人与人合作的前提是共同的目标和利益。随着科学技术的进一步发展，人与人之间关系越来越密切，要求人们要有较强的合作意识。

其次，现代化社会的发展越来越表现出集体智慧的作用。在现代化社会里，靠单打独斗的个人英雄主义已成为昨日黄花，取而代之的相互配合、密切合作的集体主义将成为社会舞台上的主角。科学技术的发展是这样，现代化企业的发展更是如此。

最后，强调要善于合作也是由青少年实际情况决定的。现在的青少年大多是独生子女，缺乏与伙伴相互交流的空间和机会，合作的意识自然就淡薄了，合作的能力自然也就降低了。要知道合作意识及其能力是在相互交流的实践中得到提高和发展的。在现实生活中，有的青少年在学习过程中缺乏相互关心、互相帮助和共同探讨。实际上，学习不仅仅是个体活动，而且也是一个合作的过程。学习的进步正是互相帮助、互相启发的结果。

二、人生道路与人生境遇

人生道路是指人生历程中人们行为活动的方向、内容和方式以及活动的轨迹和过程，是人们认识世界和改造世界的社会实践过程。人生历程是利用自然、改造社会的过程。客观世界是实实在在的，人与客观世界打交道也是实实在在的活动。人生的道路，是要扎扎实实地一步一个脚印走，不是做梦，不是虚无，也不是演戏，它对每个人来说都是实实在在的。在人生道路上，凡是与客观世界发展规律相一致的人的行为活动，就能通过顽强斗争使人生得到充实和发展；反之，就必然在人生活动中受挫折。

世界上任何事物发展的具体过程都不是直线运行的，总是迂回曲折，波浪式前进、螺旋式上升的。人生道路也不能不受这一规律的制约。人生道路并非是一帆风顺的，它是一个生理活动、心理活动、社会活动交织在一起的复杂的发展过程。人生道路上的曲折主要来自两个方面。其一是自然界。自然是在未被人们所认识和掌握之前，是一种盲目的、巨大无比的物质力。这种物质力量之大，人类往往是无法抗拒的。其二是社会。人们总是在具体的社会历史条件下进行人生实践活动的。社会主义制度的建立，已为我们的人生道路提供了无比优越的条件，但在目前，我们还处在社会主义初级阶段，在政治、经济、文化、道德风尚等方面存在着许多尚待解决的问题，再加上个人主观努力不同，因而人生道路还会出现坎坷，遇到忧愁、烦恼或这样那样不顺心的事。

由于每个人主客观条件不同，就会有不同的境遇。境遇有顺境和逆境之分，要走好人生之路，就要认识并驾驭它们。所谓顺境是指能给人以欢乐、幸福，有益于人们事业上成功的比较顺利的境遇。逆境是指给人以烦恼和打击，阻碍人们在事业上进取和生活上欢乐的种种不顺利的境遇。就整体而论，顺境有利于人的成长和发展，并给人带来喜悦；而逆境，它不仅为人们的工作、学习、生活设置障碍，还会给人带来困难和痛苦。因此，人们都喜欢顺境，希望自己前途如意；讨厌逆境，不希望命运坎坷。有时可能处于顺境，有时就可能处于逆境，这在人生旅途中是一种客观的、普遍的现象。正确的人生道路，不是在曲折中倒退，而应该是在曲折中前进。

顺境和逆境对人的成长具有两重性。顺境固然能为人提供广阔的天地，但它并不能代替人的自身努力。如果陶醉顺境，安于现状，不思进取，放弃奋斗和努力，即使是顺境，也不会有所成就，甚至完全有可能逐渐转入逆境。古今中外不少有识之士，并不认为顺境全是令人陶醉的乐事。对此，鲁迅先生曾留下"生活太安逸，工作就要为生活所累"的醒世名句。因此，当处于顺境时，应保持清醒的头脑，仍然扬帆奋进，不断进取；同时，不盲目乐观，居安思危，随时准备迎接困难和挑战，这样才能立于不败之地。

逆境谁都不希望它来临，但逆境总是与顺境一道，客观地交替存在于人生之中。逆境也有两重性。对于意志薄弱者来说，它将是无法逾越的障碍，只能使人心灰意冷、悲观消沉、屈从命运，而对于有志者，它可以催人奋进、磨砺人的意志。当一个人处于逆境之中，如能坚忍不拔，勇于搏击，就完全可能在"山重水复"之中寻到"柳暗花明"的又一村，摆脱逆境而步入坦途。从古至今，逆境成才者远远多于顺境中成才的人。

人生要奋斗，就会有逆境，逆境如草木经霜，孕育着茁壮成长。对待逆境的强者，应当正视环境，积极谋求打破逆境的道路和办法，力争成功。应该看到人生总会逢噩运，没有人一生从不失败，也没有人一生万事如意，永远一帆风顺，但任何逆境、噩运，总会有转机。重要的是，要坚持正确的方向，努力克服困难，顶住逆境；要有坚强的意志力，冷静分析转机的条件和机遇，控制自己的反应；还要有信心，信心是一个人对目标实现把握的程度，也是对自己能力的切实判断。不要低估自己的能力，失去信心，也不要夸大问题的严重性，以免影响自己的决心。抓住时机，就要全力以赴，冲破困境，争取胜利。要知道，困难和危险最能考验一个人，因为顺利和安全的境遇是任何平常的人都能应付的。在这种意义上，人的主观态度、信心、毅力和决心，将是决定成败的关键。对于具体环境来说，愚者错过机会，强者抓住机会，弱者空等机会。这里贯穿一切的就是一种积极奋斗的精神力量。

为什么逆境反而磨练出人才呢？首先，逆境是磨砺人意志的砥石。它能激发人的进取心，锻炼出坚强的性格和创造能力。其次，逆境可以培养人的美德。最后，逆境往往能把人"逼上梁山"，没有退路，促使他思考并为改变境遇而打开一条生路。在这种意义上可以说，逆境乃是最好的老师。

马克思的《资本论》是在被驱逐出国，生活极端困难的情况下，经过四十年的艰苦奋斗才写成的。奥斯特洛夫斯基在双目失明、全身瘫痪的病床上写出了鼓舞千百万青年前进的长篇小说《钢铁是怎样炼成的》。同样，没有生活的折磨，也没有贝多芬的音乐。天才作曲家贝多芬在26岁时耳聋，身体承受着巨大的痛苦，又经受着失恋的折磨，使他几乎到了垮掉的关头。他曾经想自杀，但后来很快醒悟，战胜了命运，又顽强地活了31年，谱写出了大量珍贵的交响乐作品。他的以《第五（命运）交响曲》和《第九（合唱）交响曲》为代表的作品，不仅改变了音乐的形式，提高了器乐曲的地位，而且为人类创作了强烈的情感与完善的构思相结合的音乐，传播了自由、进取和英勇奋斗的精神。

课后思考题

1. 人具有哪些属性，分别表现在哪些方面？
2. 人的本质是什么，如何表现出来？
3. 马克思主义人生哲学的人的自然观是什么？
4. 个人对社会的主观能动性表现在哪些方面？

5.什么是人生观，有哪些类型，核心是什么？

6.人的一生有哪些阶段，各阶段分别有什么特点？

7.举例说说当代大学生有什么特点。

8.举例说说当代大学生需要具备怎样的人生态度。

9.举例说说如何提高当代大学生的竞争力。

10.什么是顺境和逆境，对人的成长有什么影响？

课后思考题及答案

第四章
人生·哲学

> 关于人生的常识性的感受，有很大的主观随意性。什么人生如梦幻，人生如演戏，人生应奋进不已等等诸如此类的个人感受，虽也能触及人生的某一方面，但都不能确切概括出人生的真谛。我们必须上升到哲学的高度，对个体的人生进行辩证的分析，然后予以把握，才能深入领悟人生的意义与价值。这就是人生哲学。

本章思维导图

第一节　概述与分类

一、关于人生哲学

在所有人生格言中，最让人的心灵为之沉思、为之警策的是古希腊哲学家苏格拉底的如下一句名言：没有思考的人生是不值得活的。苏格拉底的这一语录，可以说非常精确而简洁地表述了人生根本宗旨之所在。人生观人人皆有，那么我们是否可以把某个人的人生观称作人生哲学呢？在通常情况下，个体的人生观并不是完整的、系统的、理论化的。个体人生观具有明显的个体感受性、经验性、自发性，缺乏自觉性、理论性和普遍意义，人生哲学则为哲学家们所独创。假如我们运用哲学理论和哲学方法对个体人生观进行全面的、系统的研究，形成了完整的、系统的理论体系，那么，就可以称作人生哲学。

人生观不等于人生哲学，人生观只是人生哲学的研究对象。人生观是个体的观念形态，而人生哲学则是一种学术理论，是哲学的一个分支。人生哲学不能自发产生，而是人们凭借哲学理论和哲学方法对人生观进行全面考察研究后所形成的完整的、系统的人生观理论体系。例如，马克思1835年在中学毕业论文中提出了"选择了最能为人类福利而劳动的职业"的口号，但是我们并不认为这是马克思的人生哲学，而是马克思的人生观，尽管这已是了不起的人生观；只有到了1845年，马克思完成了《关于费尔巴哈的提纲》一文及其以后，马克思运用辩证唯物主义全面解释了他的人生观，形成了完整的、系统的马克思人生观理论以后，马克思的人生哲学才真正诞生。后来，马克思的这一人生哲学思想经过历代马克思主义共同努力，形成了具有普遍意义的共产主义人生观理论体系。这就是今天我们所说的马克思主义人生哲学。可见，所谓人生哲学，是指系统化、理论化的人生观理论体系。

所谓人生哲学，这是现代的说法，在中国古代叫做"为人之道"或"处世之方"。中国文化历来重视"为人之道""处世之方"，因而包含非常丰富的人生哲理，为建立现代的科学人生观、世界观提供了极其宝贵的可供借鉴和吸取的历史文化遗产。人生哲学不表现为对人生问题的情感宣泄，而表现为冷静执着的思考；不表现为对人生问题的简单直观的机械判断，而表现为对人生问题的深层次的反思和理性判断；也不表现为对人生某个具体问题的直觉和表达，而表现为对整个人生系统的整体考察和全面阐述。

人生哲学的核心是价值观念问题，人生哲学的最高问题是人生理想问题，是人生的终极关切问题。研究这些问题，不但能够获得关于人生哲理的历史文化知识，而且能够从中得到如何有意义地度过人生、如何安排自己人生的深刻启示和教益。尽管每一种人生哲学的产生和形成，都是哲学家们深思熟虑的结果，都是社会历史发展的产物和人类实践的总结，都具有一定的学术价值、历史价值和对现实人生的指导价值，然而并不是每一种人生哲学都是正确的、科学的、进步的和具有普遍意义的，这是因为过去的任何一种人生哲学都会受到当时历史时代和人们认识水平的限制，不可能达到至善至美。某些人生哲学在完成了它的历史使命之后反而走向了历史的反面，某些人生哲学本身就是反动统治阶级炮制出来欺骗或奴役人民的。所以，对于古今中外的众多的人生哲学，我们必须加以考察和甄别，而不能盲目接受或兼收并蓄。

二、人生哲学历史回顾

"路漫漫其修远兮，吾将上下而求索。"自有人类以来，人们就不断地在人生实践中思考探索人生，并不断地进取着。古往今来，许多哲学家、思想家和各类学者都对人生和人生观作过不懈的哲学思考和理论概括，形成了形形色色的各种人生哲学思想。这些人生哲学思想从不同角度、不同侧面反映了人生的某些真实和规律，有其一定的历史合理性，对人生产生过一定的指导和推动作用。历史是一面镜子，历史是沉淀的经验，历史是由必然走向自由的过程。我们今天研究和学习马克思主义人生哲学，不能不对古今中外那些曾经有过重大影响的人生哲学思想有所了解、有所分析、有所批判、有所吸收和继承，并借此加深对马克思主义人生哲学的认识和坚信。

中国的人生哲学思想极为丰富，流派也多，其涉及的问题之广、意境之深，是远远超过西方人生哲学的。重视人和重视人生，是中国古代哲学的一大特色。在春秋战国时期，曾形成过我国历史上学术思想空前繁荣的"百家争鸣"盛况。百家中以儒、墨、道、法四大家最为突出，在其后两千多年的中国历史中，又以儒家的人生哲学思想影响最大最广最久远，在整个思想史上占据主导地位。

（一）中国儒家的人生哲学思想

1. 孔子的儒家人生哲学思想

儒家学派的创始人孔丘，即孔子的人生哲学思想集中体现于《论语》中。孔子的基本思想是"仁"，"仁"是他的人生哲学的核心。"仁"的内涵十分丰富，"仁者人也"是其一，"仁者爱人也"是其二。尊德高望重者为"仁者"；"人"是其人生哲学的主体，"爱人"是其人生哲学的主线，"仁者"是其推崇备至的完美的人。孔子用善恶区分并评价人性，认为人的本质是"性相近也，习相远也"，即认为人的本性原是差不多的，只是由于后天的学习与环境影响使人有了善和恶的巨大差别。因而，孔子特别重视对人的后天的教育及自身修养。孔子是主张"入世"的，即人应当积极投入到社会中去，而不是超脱于社会之外。既要入世，就必须处理好个人与社会、个人与他人的关系，为此，孔子提倡"忠恕"之道。"忠"就是要"己欲立而立人，己欲达而达人"；"恕"，就是要"己所不欲，勿施于人"。当然，孔子的爱人思想是作为调整封建统治阶级内部关系的原则，并非是爱一切人，因为，他认为"唯仁者能好人，能恶人"。孔子还以"孝悌"作为"仁"的行为准则，即不犯上、不作乱，做人要安分守己，孔子还主张"仁者必勇"。

2. 孟子的儒家人生哲学思想

孔丘之后，儒家学说的观点产生了很大分歧。孟轲，即孟子，是其最重要的一支。孟子自称是孔子的继承者，把孔子的仁学更加系统化、理论化，自成一家。后人把他的思想和孔子的思想共称为"孔孟之道"。孟子的人生哲学思想集中表现于《孟子》一书中。他所代表的是已取得统治地位的地主阶级的右翼。孟子在中国思想史上第一次明确提出了人性论思想理论，他认为所谓人性，是指人之所以为人的特性，是人之异于禽兽的特殊本质。这是孟子的一大贡献。那么人性，即人的本质是什么呢？他认为是善，"人性本善"是其人性论思想。他指出，人的原质中存在"善之端"，善有四心，即四端，四心生四德，为仁、义、礼、智。他认为，仁、义、礼、智四大善性是天赋的，不是后天获得的，但同时又认为这种天赋善性只是作为善之端存在于人心之中的善质，尚未在人的行为中表现出来并使人成为事实上的善人、仁人。他把人的社会关系概括为"五伦"，即君臣、父子、兄弟、夫妇、朋友。在义利关系上，孟子主张舍利取义。

3.秦汉时代的儒家人生哲学思想

自秦汉开始，中国建立了大一统的封建社会，需要一种与之相适应的社会意识形态作为统治思想。在汉武帝时，董仲舒提出"罢黜百家，独尊儒术"的建议被采纳，逐步建立起以儒家思想为主体的社会意识形态，作为封建地主阶级的统治思想。

董仲舒的人生哲学思想较多地集中在《春秋繁露》一书中。其核心是"三纲五常"。所谓"三纲"，即君为臣纲、父为子纲、夫为妻纲，这是封建社会最本质的宗法等级制度下人与人之间的尊卑从属关系；所谓"五常"，即仁、义、礼、智、信，这是处理封建社会五大人际关系；董仲舒认为，性即天性，与生俱来，下传子孙，从而为封建血统论奠定了基础，开了个坏头。在义利关系上，他主张重义轻利，要求人们"正其谊不谋其利，明其道不计其功"。

4.宋元以后的儒家人生哲学思想

中国封建地主阶级意识形态的成熟，主要表现在宋以后理学的产生和发展。理学自命为接受了儒学真传，它对封建制度及其意识形态做了比较精致的思辨式的理论论证，形成了儒家唯心主义的人生哲学，并成为这个时期封建统治阶级的统治思想。程颢、程颐、朱熹、陆九渊、王守仁是其代表人物，其中以朱熹的客观唯心主义思想影响最大。

朱熹是宋明理学的集大成者，创造了一个庞大的客观唯心主义理论体系。理学认为，在物质世界和人的意识之外存在一种最高的独立的精神实体——理，或称天理、道。理是万物的本原和创造者。世界上的万事万物，包括人性在内，都是天理的体现。他们把人性分为两种，一是体现天理的"天命之性"，一是与生俱来的"气禀之性"。天命之性皆善，而气禀之性则有善有恶。他们认为，人有喜怒哀惧爱恶欲七情。他们主张"存天理，灭人欲"，将天理与人欲对立，自然也就引申出义利对立，认为义是"天理之所宜"，利是"人欲之私"，主张存公去私，尚义去利。

陆九渊、王守仁的陆王心学，是理学中主观唯心主义的分支。他们认为，"良知"，即心，是"天下之大本"，"心外无物，心外无事，心外无理，心外无义，心外无善"。这里所说的良知、心，与天理是同一内容，皆指仁、义、礼、智、信、忠、孝、节、廉、耻等内容，认为圣与愚之别不在于有无良知，而在于能不能"致良知"。圣人能致良知，所以成为圣人；愚笨者不能致良知，所以沦为小人。

宋明理学是儒家人生哲学发展的顶峰。中国之所以没有沦为宗教国家，宋明理学厥功至伟。他们重塑中国人的精神世界，成功地用儒家入世主义取代佛道二教的出世主义。在中国古代社会后期，宋明理学始终占主导地位，没有哪一家可以取而代之。

（二）中国古代其他学派的人生哲学思想

1.道家的人生哲学思想

道家学说是春秋战国诸子百家之一，其对后世的影响仅次于儒家学说。道家学说的代表是老聃和庄周，即老子和庄子。他们主张宇宙间的天地万物都源于一个神秘玄妙的母体——道。老子说："道生一，一生二，二生三，三生万物。万物负阴而抱阳，冲气以为和。"这便是道家的世界观理论。道家学说认为天、地、人是宇宙的主体，共生于虚幻无形的"道"。道是宇宙之根本，是"无为"的。道家的人生哲学因此而认为，人应该依循"道"，效法"自然"，崇尚"无为"。按照现代人的理解，道家的所谓"道"，其实质当是指包括天、地、人在内的万物的自然规律。自然规律是不以人的意志为转移的，所以在自然规律面前人只能顺其"道"，而不能逆其"道"，不应该有妄图改变自然之道的行为。这就是道家所提倡的人生的基本原则——无为。然而，人之所以为人，是不可能"无为"的，事实上人时时刻刻都想有所作为。为此，道家的人生哲学告诫人们应当"法自然"。他们建构了由为而不恃、无己虚己的无我忘我观，守柔谦下与反对自伐的自我克制观，自化自正、不为物驭、独立遗世和与世俗处的自为自由观，贵己贵生与保身全生的重视生命观所组成的四大自我人生哲学，充分体现了为己和贵我的个性观念。在人生修养目标上，他们追求的是达到婴儿般的天真无邪、无知无欲、摆脱主客观条件的束缚，达到个人绝对自由自在的精神境界。

老庄的人生哲学区别于儒墨法人生哲学之处，不仅在于它从外在的更为广泛的宇宙、自然本体论视角观照人生问题，还在于它立足于主体内在自我角度、更多地从自我与他人的关系视域诠释人生大问题，由此建构了旨在批判社会异化现象的、独特而丰硕的自我人生哲学思想。它蕴含着深广的人生智慧，对中华民族和传统中国人的人生哲学产生了极为深远的影响，一度被许多人奉为圭臬。

2.墨家的人生哲学思想

墨家人生哲学思想的代表人物是春秋战国时代的墨翟，即墨子。他的人生哲学思想的总纲是"兼相爱，交相利"，"兼爱"是其核心。他主张人不分你我，不别亲疏，不计远近，不论良恶美丑，不辨等级高低尊卑。墨家的兼爱思想与孔孟儒家的"爱人"，是完全不同的。孔孟的爱人只主张爱统治阶级内部的人，是以宗族与等级为基础的，而不是像墨翟那样主张爱一切人。墨翟的"交相利"思想可以看作中国古代功利主义思想的始创。他认为，"兼相爱"应以让对方有利为原则，爱人的目的要通过利人来实现。他通常把爱与利并提，他在中国古代哲学史上第一次把利人行为作为衡量人生价值和道德善恶评判的最高标准。墨家的人生哲学思想与其他古代人生哲学思想相比，并不是十分完备的，后来也没有更多的发展，这大概与其所代表的主要是小生产者阶层有关，但是墨家的"兼相爱、交相利"的人生思想在当时却具有相当的进步意义。

3.法家的人生哲学思想

法家人生哲学思想的代表人物是管仲和韩非。在许多方面，法家的人生哲学与儒家的人生哲学是相互对立的。

儒家主张人性本善，法家则主张人性本恶。管仲认为，趋利避害是人的本性，满足人之所欲是无可非议的。韩非是战国末期法家思想的集大成者，认为"好利恶害，夫人之所有也"。法家人生哲学思想承认了人对利益的追求的一面，但又把自私自利看作与生俱来不可移易的自然本性。从人性本恶和自私的理论出发，韩非为剥削阶级的利己主义辩解说："故舆人成舆，则欲人之富贵。匠人成棺，则欲人之夭死也。非舆人仁而匠人贼也。人不贵则舆不售，人不死则棺不买，情非憎人也，利在人之死也。"这与后来19世纪西方空想主义者傅立叶揭露资产阶级时所说的建筑师希望失火，医生欢迎瘟疫流行，具有异曲同工之妙，只不过韩非不是揭露批判，而是辩护和肯定其合理性。

当然，韩非等法家也看到了自私带来的社会恶果和人的堕落，所以他也不主张让人的欲望和自私行为无节制地发展，提出了"节欲"，认为利有所当有所不当，不能不择手段地去取利。他主张对人进行教化，把道德风尚的好坏，提到了关系国家兴亡的高度来认识。韩非同时还主张发展生产，认为经济水平上去了，精神文明程度自然也会上去的。针对人们的自私性，只有使用法制进行管理。韩非认为，人的自私性是不大可能仅通过道德教化就获得改造的，还必须运用法的手段来对付。韩非认为，道德教化的功用是微乎其微的，主张通过严刑重赏使人民驯服地任统治阶级驱使，而不必在乎人是否心悦诚服。

法家重法，以人性本恶为理论前提，直奔人性之短处，尽立法则以规之，可有立竿见影之效。法家不讲仁慈与兼爱，他们崇尚阳刚之气，主张强制与奋斗，不断地向权势进展，为了辉煌和成功，可以不计较动机与后果。当然，在这红尘滚滚的现实世界中，个人利益无论是过去、现在或将来始终占有一席之地，人们的成功之路的背后总会带有一定的个人奋斗的成分。

4.佛家的人生哲学思想

佛家学说与道家学说一样,是十分完备的人生哲学理论体系,其影响中国人的深度和广泛程度仅次于儒家的人生哲学,与道家学说相仿。

佛学认为,人是有感觉的物质,是物质现象和精神现象的综合体。人生便是生生灭灭的运动变化,只有从过去、现在、未来三际去推求,"人不可得,心不可得,我亦不可得",所以认为人生实为"四大皆空"。在人性问题上,佛学认为人有心、性二性。心就是人的心理,是幻生幻灭终日随缘的东西,如忽喜、忽忧、忽贪、忽嗔。佛学认为,人生的主要问题是"四谛",即苦谛、集谛、灭谛、道谛。谛即实在或真理的意思。苦谛指现实生活中的种种痛苦现象,人生即苦海,而苦海无边;集谛是造成痛苦的原因,最根本的原因是"无明"和"不见性";灭谛表示最高的理想境界,无苦的"涅槃",即参透人生生死,澄清妄念,转迷为觉,端正行为,明心见性,达到觉行究竟圆满的境界;道谛则是为实现"佛""涅槃"所须遵循的修养手段和修养方法,主要有"戒""定""慧"。佛家特别注重人生实践,这人生实践主要的就是学佛。

(三)现代西方人生哲学思想

在现代西方哲学的发展过程中,有两种社会影响较大的思潮:一是科学主义,一是人本主义。这两种哲学思潮并没有超越哲学的基本问题,因而也没有超越唯物主义与唯心主义这两个哲学基本派别。其中,对中国影响比较大的人生哲学包括如下四种。

1.享乐主义人生哲学

资产阶级伦理学家边沁主张,人的一生应该彻底地享乐,享乐是人生的本质。资产阶级享乐主义人生哲学主张以人性代替神性,以人间的幸福代替天国的幸福。这在资本主义上升时期用于反对宗教,反对封建禁欲主义,曾有过一定的进步意义。但是,享乐主义的实质是一切剥削阶级特别是资产阶级的利己主义和纵欲主义,迎合了剥削阶级掠夺财富、骄奢淫逸、纸醉金迷的腐朽生活。享乐主义同时还反映了剥削阶级的生存危机感,他们唯恐如不及时行乐,财富就有可能被他人夺取从而享乐不成的恐惧心理。

2.实用主义人生哲学

实用主义人生哲学是自由资本主义向垄断资本主义发展时期的产物。实用主义把"有用即真理"作为人生的基本原则,把"方便、有用"作为人生处世的信条,认为人生目的只服从于个人主观的意志和欲望,为达到主观的意志和欲望,采取任何途径和手段都是可以的。在实用主义看来，世界只不过是上帝安排给人类的一个大赌场、一个投机冒险的乐园，人生的意义全在于投机、冒险、侥幸。为了达到这个目的，可以不择手段，可以不顾道义，可以蔑视法律。实用主义人生哲学的代表人物是美国的詹姆士和杜威。

3. 存在主义人生哲学

存在主义认为只有意识到的事物才是存在，人是不依赖社会和环境的孤立的存在物，人生是虚无的。存在主义把个人意志、个人自由作为一切存在的出发点，提出"存在先于本质"的观点。存在主义认为，人类历史是一场没有尽头的悲剧，人具有无目性和偶然性，无法用一种人性类型加以认定，人的存在和人的本质是难以确定的。为此，存在主义人生哲学主张人必须不断地自我设计和自我选择，一切按照自我意志行事。创立存在主义人生哲学的学者们在资本主义走向垄断时代的残酷现实中看到了垄断资产阶级的丑恶，给予了一定的揭露和抨击，但是他们看不到无产阶级正在壮大，人民正在觉醒，看不到社会进步的光明前途。相反，他们从唯心主义哲学出发，得出了人生是孤独、渺茫的结论，其所鼓吹的脱离社会违背人性本质的个人意志和个人自由是根本不可能实现的，也是根本不存在的。存在主义人生哲学产生于第二次世界大战以后的德国，其代表人物是德国的海德格尔、雅斯贝尔斯，最有名的是法国的让·保尔·萨特。

4. 悲观主义人生哲学

19世纪中叶，欧洲出现了影响颇大的叔本华的悲观主义人生哲学。他认为，人活着就像一架钟，上了弦就走，既不知为什么，也不存在为什么，只是听命于意志的某种冲动。在他看来，人生充满着苦恼，人生就是苦难，惟有死才能解脱。人生是地狱，死亡才是天堂。这种对人生的消极悲观的态度是基于对"人生是毫无意义的"的认识，他们认为人生只能听命于命运的摆布，抵抗是毫无用处的，从而产生悲观厌世的消极人生观，甚至产生厌世轻生的人生行为。叔本华的悲观主义人生观是欧洲19世纪中叶以后，资本主义危机四伏的社会形势下，资产阶级预感到末日来临时政治苦闷和忧郁心情的反映。这是一种消极的、无所作为的遁世思想，是不可取的。

第二节 价值与辨析

一、价值与人生价值

（一）价值

价值这个词在不同的语义中意义是不同的。马克思主义认为，价值的哲学意义是一个关系性范畴，即主体与客体之间的一种特定关系。对任何对象来说，离开了人的需要，即离开它的有用性，都谈不上价值。客体的属性和主体的需要是形成价值关系的前提，但还不能形成现实的价值关系。价值作为客体对主体的效用关系，总是包含着客体对主体需要的某种作用和意义。比如食物、衣服、房子、汽车能够满足人们的吃穿住行的需要，书籍、电影、网络能够满足人们精神生活的需要。这些客观事物对作为主体的人都有一定的作用和意义，因此它们就有了价值。

价值观就是人们关于什么是价值、怎样评判价值、如何创造价值等问题的根本价值观的内容，一方面表现为价值取向和价值追求，凝结为一定的价值目标；另一方面表现为评判尺度和准则，成为人们判断事物有无价值及价值大小的标准。

在不同的社会历史条件下，人们对价值的理解和对价值的追求是不一样的。在封建社会，"三纲五常"是人们的人生哲学。那时的艺术是为帝王将相和王公贵族服务的，地位低下，"悦君"成为其价值取向。在社会主义建设时期，文艺创作的思想是"二为"和"双百"，即坚持为人民服务、为社会主义服务的方向，坚持百花齐放、百家争鸣的方针。进入社会主义新时代，文艺把"以人民为中心"作为创作导向。文艺工作者充分发扬历史主动精神，挖掘历史前进的总体脉络和内在必然，重视自身担负的历史使命和义不容辞的社会责任，深入人民生命生存生活状态之中，深入真实的时代特性与宏大的真理叙事，深入制度优势与民族命运之中，时刻提醒自己把人民的需要作为自己的出发点与落脚点，彰显文艺工作者"为人民"的根本宗旨。是否始终坚持人民立场，是区分唯物史观和唯心史观的重要分水岭。新时代文艺理论坚持马克思主义文艺理论"人民群众是历史的推动者"根本观点，重申了社会主义"人民文艺"的本质，进一步深化发展人民和文艺关系，规定了人民的表现主体和文艺工作者职业价值，指引了新时代社会主义文艺理论的发展原则与目的。

（二）人生价值

从价值的一般定义来考察人生价值，它所反映的就应当是作为客体的人对主体所具有的某种肯定关系，从而引出才能、创造、贡献等一系列范畴。这里的主体，既可以是人类，也可以是一定社会条件下的社会集团、个体成员。因此，所谓人生价值，就是人的生存、发展、创造等活动满足社会、他人和自我需要的积极作用。

人生价值包括自我价值和社会价值。人生的自我价值是指个体的人对自身的肯定，即为了满足自己的需要，实现自我完善和发展。人生的社会价值是指人对社会的责任，体现为个人对社会的意义。人生的自我价值和社会价值既相互区别，又密切联系。一方面，人生的自我价值是个体生存和发展的必要条件，同时又构成了个体为社会创造更大价值的前提。另一方面，人生的社会价值是实现人生自我价值的基础，没有社会价值，人生的自我价值就毫无意义。

人生的社会价值是人生价值的基本内容。人作为社会人总是生存和活动于各种各样的社会关系当中，并受到一定社会关系的制约，社会性是人的根本属性。在现实生活当中，人们会选择自己的人生道路，通过一定的方式实现自己的人生目标，以独特的思想和行为赋予生活实践以个性特征。不过，任何个体的人生意义只能建立在一定的社会关系和社会条件的基础之上，并在社会中得以实现。离开一定的社会基础，个人就不能作为人而存在，当然也无法创造人生价值。人的社会性决定了人生的社会价值是人生价值的最基本内容。一个人的生活具有什么样的价值，从根本上说是由社会所规定的，而社会对于一个人的价值评判，也主要是以他对社会所作的贡献为标准。个体对社会和他人的生存与发展贡献越大，其人生的社会价值就越大。如果个体的人生活动对社会和他人的生存与发展不仅没有贡献，反而起到某种破坏作用，那么，这种人生的社会价值就表现为负价值。

二、人生价值评价的标准

为什么有的人死了，大家却能永远记住他，而有的人想要不朽，却"身名齐臭"。这就涉及如何来评判人生价值的问题。人生价值评价是人们用一定的人生价值标准衡量他人或自己的人生实践活动对社会的作用时，所做出的定性定量的综合性评定。人生价值是一种特殊的价值，是人的生活实践对于社会和个人所具有的作用和意义。彩虹看到弧形的石桥，向她说道："石桥姐姐，我真羡慕你！你的生命比我长，并能给行人以方便，而我……""妹妹，你是那样美丽，"石桥回答，"你在人们的记忆中是美丽的、永恒的，而我……"彩虹的生命没有石桥永久，石桥的外表没有彩虹美丽。但是，没有美丽外表的石桥，却一年四季稳固地架于河流之上，默默地承载着人们从其上通过，这就是它的价值。没有长久生命的彩虹，它在雨过天晴之后留给人们的美丽却深深地印在人们的脑海中，给人们以美的享受，这同样也是生命的价值。

选择什么样的人生目的，走什么样的人生道路，面对生命历程中个人与社会、现实与理想、付出与收获、身与心、生与死等一系列矛盾，人们总是有所取舍、有所好恶，对于赞成什么反对什么、认同什么抵制什么，人们总会有一定的态度和标准。这种态度和标准就是人们从价值角度考虑人生问题的根据。

马克思主义认为，人既是个体的人，又是社会的人。社会是一个庞大的服务站，每个人既是服务者，又是服务对象，人们为社会服务的同时，也在为自我服务。判断一个人的人生是否有价值，不应仅仅考虑"人本身"，还应考虑人与人、人与社会的关系。衡量人生价值的标准就在于一个人的人生活动是否符合社会发展的客观规律，是否能够实践促进历史的进步，是否以自己的劳动和聪明才智为国家真诚奉献，为人民尽心、尽力服务。中国共产党的宗旨是"全心全意为人民服务"，最根本的服务就是帮助最广大的人民实现幸福。我们党的初心和使命——为中国人民谋幸福、为中华民族谋复兴，即体现了为人民服务的宗旨。笔者理解"为中华民族谋复兴"，归根结底也是"为中国人民谋幸福"。因为，一个民族只有强大了，这个民族的成员才能不受压迫和欺凌，才有追求幸福的条件和实现幸福的可能。

人生价值的实现，有的表现为重大的发明创造，有的表现为惊人的英雄壮举，而大量的则表现为平凡工作中的默默耕耘。当我们回溯历史长河时，不禁发现，在影响人类文明的伟大人物身上都有同一共性，即将"小我"融入在为他人、为社会、为国家奋斗的"大我"中，服务了社会，成就了自己。习近平总书记在中国文联十一大、中国作协十大开幕式上的重要讲话中谈到，"希望广大文艺工作者坚持弘扬正道，在追求德艺双馨中成就人生价值"。文艺是塑造灵魂、启迪心智的工程，文艺工作者是人类灵魂的工程师。文艺工作者要实现习近平总书记的殷切希望，就必须把践行社会主义核心价值观作为人生道路和艺术道路上根本的方向，要用心珍视、用情坚守、用力弘扬社会主义核心价值观，把社会主义核心价值观作为血脉中的基因、言行中的底色，使之成为为人从艺的定盘星和指南针，以创作实践弘扬真善美、鞭挞假恶丑，真正发挥文艺立心铸魂、成风化人的重要作用。①

三、抵制错误的人生价值观

市场经济，利益多元，信息时代，可谓"乱花渐欲迷人眼"。苏联作家安德烈·查哈尔洛夫说："我们都是凡人，而不是神，这一简单的事实已经使我们能够正视自己。在我们的灵魂中，既有崇高圣洁的境界，又有卑微庸俗的本能；既会被美好的事物所吸引，又会被鄙俗的东西所诱惑。"作为艺术院校的大学生，很容易在价值观的问题上陷入种种误区。马克思主义认为，一个人价值的大小，在于他能否在多大程度上满足社会、他人和自我的需要。我们要以对社会的贡献作为人生价值的评价标准。马克思主义价值观既重视人的社会价值，又重视人的自我价值，认为人的社会价值与自我价值是互为前提、不可分割的。但同时也指出，人的社会价值与自我价值不是并列的，社会价值是人的根本价值。我们要自觉地抵制错误的人生价值观。

（一）拜金主义

拜金主义价值观是一种金钱至上的人生价值观，它认为金钱可以主宰一切，把追逐金钱作为人生的至高目的，把金钱看作是衡量人生价值的唯一标准。毋庸讳言，当下的高校，宁静不再，悦耳的读书声中夹杂着"拜物""拜金"的噪音。"向钱看"而不是"向前看"，助人需要"付费"，谈恋爱是为了"饭票"，当干部可以"买选票"，找工作的首要条件是赚的钱多。如何面对五光十色的演艺圈，如何面对金钱的诱惑，如何看待社会的种种拜金现象，值得我们深思。金钱本身没有罪恶。富裕是社会发展、国家强盛的标志。但必须懂得，拜金销蚀理想，炫富展示低俗。被世人誉为"石油大王"的洛克菲勒创业初期勤劳肯干，可当富甲一方后，他变得贪婪冷酷。近些年，我们欣喜地看到，一些热心慈善的企业界成功人士渐次涌现，还出现了一些普通人，甚至是一些并不富裕的人，以数十年节衣缩食积聚的资金倾囊资助贫困学子的感人事迹。虽然他们获取财富的方式不同，他们拥有财富的多寡不一，但他们对待支配金钱的价值取向是高度一致的，他们的行为令人钦佩和感动。

---

① 本报评论员. 坚持弘扬正道，在追求德艺双馨中成就人生价值[N]. 中国艺术报，2021-12-24(001).

（二）享乐主义

享乐主义人生价值观是从人的自然本性出发，把吃喝玩乐作为人生的唯一目的和乐趣，认为人生的目的和意义就在于追求物质享乐。现在的青年学生，出生在经济腾飞与和平发展的年代，很多人从小就是家里的"小皇帝""小公主"，有着较为优越的物质条件，一直是"衣来伸手""饭来张口""有求必应"。他们比较注重生活的享受，也喜欢在生活物质方面进行攀比：衣服要讲名牌，吃饭要出入高档饭店，手机、电脑等电子产品要最新最时尚；等等。诚然，对幸福生活的追求是每一个人的权利，在辛勤劳动之余享受生活，既可以使人调整身心，以便更好地工作，还有利于经济社会的发展。但是，一定不要把人生的唯一目标和全部内容定义为感官享乐。人的需要的广泛性和无限性就要求人们必须通过劳动创造来不断地满足需要。如果在生活中仅仅去追求安稳和快乐的生理性体验，那么和动物的生活理想又有多大的区别，精神上的丰富和满足能帮助我们正视生活的美。当今社会不否定正当的对生活的享受体验，但批判和否定把享乐作为人生价值的唯一追求，因为这与我们所提倡的人生价值观是不相符的。

（三）实用主义

实用主义作为一种社会思潮，产生于20世纪的美国，经过美国学者詹姆士、杜威等人的宣传和推广一度成为了西方的主流思潮。从哲学上来讲，实用主义就是把是否对"我"有用作为衡量一切事物的最高标准，并且认为有用即真理的一种价值体系。而实用主义的人生价值观则是以实用主义的观念来看待人生价值问题的体现，其直接现实表现是对待就业问题的态度。实用主义人生价值观支配下的个体在择业就业方面过度追求物质利益、过度关注"小我"的利益得失，具有明显的功利化倾向。在实用主义人生价值观的影响下，一些青年在求职应聘时首先考虑的是工作的待遇和福利问题而不是自己的能力和责任，过分追求现实利益而缺少理想信念，过分看重个人前途的发展而忽视社会和国家的需要。这种实用主义人生价值观的背后体现着个人主义和功利主义的价值倾向，归根到底是基于个人主义的人生价值观，与马克思主义的人生价值观背道而驰。

（四）精致利己主义

精致利己主义则是传统利己主义在新时代滋生的新形态，它给利己主义包上了一层精致的外壳，让人不容易察觉利己的本性所在。将精致利己主义的一系列观点用来看待人生问题便形成了精致利己主义人生价值观，这一人生价值观对于新时代青年人生价值的创造和实现造成了极大的困扰。其实精致利己主义人生价值观的背后是个人主义的思想在作祟，它强调以自我为中心来看待人生价值，人生的一切活动都要从自我出发，自我价值在人生价值中居于最高地位，衡量人生价值的尺度也在于自我。此外，还有一种基于精致利己主义人生价值观的错误观点对青年影响不浅，即强调人生的创造性活动是"主观为自我，客观为他人"的实践过程。它基于人性自私论的错误假设和前提，为个人主义人生价值观披上了"合理"的外衣，对青年有较大的欺骗和腐蚀作用，极易诱导青年损害他人、社会和民族的利益，甚至造成人生的悲剧。精致利己主义人生价值观把个人利益作为人生活动的终极目标，并没有正确地把握住人生价值的真谛，反而造成了对人生价值追求的错误引导，淡化了青年的使命意识和奉献精神，是对青年正确人生价值观的荼毒。

（五）"佛系青年"

"佛系青年"用来指代那些追求平和、淡然的生活方式的年轻人，他们的生活方式和行为习惯体现着一种独特的人生价值观，即对于主动创造和实现"大我"的人生价值持消极态度，追求一切随缘的人生。不可否认，"佛系青年"的人生价值观容易对青年群体产生消极的价值影响，直接关系到青年人生奋斗观的塑造，影响着青年人生价值的创造和实现。青年打上"佛系"的标签，从一定意义上来说，反映了当代青年面对升学压力、就业压力以及各种社会生存问题的无助、焦虑心理，是当代青年寻求自我解脱和远离烦恼的一种形式。然而"佛系青年"的人生价值观看似无欲无求，专注寻求精神世界的展开，实际上却是逃避建功立业的人生使命，缺乏对民族对国家的担当。"佛系青年"的人生价值观表面上看体现着荣辱不惊的豁达心态，秉持着安贫乐道的生活态度，实际上却是缺乏奋斗意识和奋斗精神。这与时代发展和国家建设对青年的要求显然是相悖的。究其本质来看，"佛系青年"的人生价值观更多体现的是消极、逃避、虚无的人生价值观，反映的是"小我"的人生价值追求。

正确的人生价值观，会引导人们认识和评价事物，引导人们改造世界，引导人们选择正确的人生道路，从而引领人的一生。因此，我们要在与错误人生价值观的斗争中确立正确的人生态度。正如习近平总书记在庆祝中国共青团成立100周年大会上号召的，奋斗是青春最亮丽的底色，行动是青年最有效的磨砺。有责任有担当，青春才会闪光。青年是常为新的，最具创新热情，最具创新动力。党和人民事业发展离不开一代又一代有志青年的拼搏奉献。只有当青春同党和人民事业高度契合时，青春的光谱才会更广阔，青春的能量才能充分迸发。①青年是社会中最有生气、最有闯劲、最少保守思想的群体，蕴含着改造客观世界、推动社会进步的无穷力量，②自觉听从党和人民召唤，胸怀"国之大者"，担当使命任务，到新时代新天地中去施展抱负、建功立业，争当伟大理想的追梦人，争做伟大事业的生力军，让青春在祖国和人民最需要的地方绽放绚丽之花！

四、人生责任与践行

人生价值的实现是通过履行人生责任来达到的。人生责任是人生哲学的范畴之一，每一个人生活在世上，都要对他人和社会履行一定的义务，承担一定的责任。因此，探讨人生责任以及人生责任实践的途径和方法，对树立青年的历史使命感和社会责任感，具有重要的理论意义和现实意义。

"责任"一词谁也不会陌生。人们在社会的各种场合时常应用"责任"一词，如政治责任、历史责任、法律责任、刑事责任、经济责任、领导责任等等。从字义上说，"责"，就是要求做成某事或行事达到一定的标准；"任"，就是担当、承受。概括地说，"责任"是指人份内应做的事和因没有做好分内的事应承担的过失。人生责任的范围很广。它作为一种普遍存在的行为关系和行为要求，既可以从个人对同志、对朋友、对家庭成员的关系中发生，也可以在自己所从事的工作中发生，或者从个人对民族、对国家和对阶级的关系中发生。

人生责任就是指个人在其社会生活中所承担的社会职责以及对自身行为的不良后果所承担的责任。也就是说，一方面，人们的行为必须对他人和社会负责；另一方面，人们对自己的过失行为也必须承担责任。这里所讲的第一层含义，是由人的社会性决定的。因为每个人作为社会的一员，总是直接或间接地、或多或少地与他人和社会联系着，从而结成个人与个人之间、个人与社会之间的关系。人在社会生活中总是扮演着一定的社会角色，意味着个人必须承担起自己所扮演角色的职责和任务，在其位谋其政负其责。这里所讲的第二层含义是由于个人在承担自己所扮演角色的职责和任务时具有行

---

① 习近平. 决胜全面建成小康社会夺取新时代中国特色社会主义伟大胜利——在中国共产党第十九次全国代表大会上的报告 [N]. 人民日报，2017-10-18.
② 习近平. 在庆祝中国共产主义青年团成立100周年大会上的讲话. (2024-12-10) [2022-05-10]. https://www.gov.cn/xinwen/2022/05/10/content_5689538.htm.

为选择的自由。面对个人所承担的责任，每个人总是根据自己的认识，按照自己的意志，自主地选择、决定自己的行动，实践自己的责任。

概括起来，人生责任主要包括社会责任、职业责任、道德责任三个方面。社会责任主要包括时代责任（或历史责任）及政治责任，主要是指个人对历史、对社会、对民族、对国家、对阶级所应负的人生责任。职业责任就是指人对在社会生活中从事的职业劳动所应承担的职责和任务。道德责任是指人对自己所处的社会时代倡导的道德规范所负有的自觉遵守和发扬光大的责任。

认清时代的大趋势，是当代青年实现自己的人生责任的重要基础和前提。实现中华民族伟大复兴中国梦的新征程是我们当代青年的历史使命和社会责任，这个责任是异常艰巨的，也是非常光荣的。因此，我们当代青年一定要担当起历史和人民赋予我们这代人的重任。奋斗、成才，践行自己的人生责任。

怎样践行自己的人生责任？从根本上说，就是需要艰苦奋斗——这是实现人生责任，使自己成才的重要手段和巨大杠杆。党的十九届六中全会审议并通过的《中共中央关于党的百年奋斗重大成就和历史经验的决议》中明确提出："越是伟大的事业，越充满艰难险阻，越需要艰苦奋斗，越需要开拓创新。"然而，有些人对新时代继续坚持和弘扬艰苦奋斗精神提出了质疑，认为艰苦奋斗精神已经过时。

先举个例子，《岳阳楼记》的作者范仲淹，年轻时家境极为贫寒，上不起学，就一个人跑到一座寺庙里读书。他每天晚上，将糙米煮好一盆稀粥，等到第二天粥凝成了冻以后，就用刀划成四块，每天早晚各取两块来吃。没有菜，就用盐水浸过的野菜茎，切上几十段佐餐。有一天，范仲淹的一位十分富有的朋友来看望他，见到他每天只吃两顿稀粥充饥，就马上请自己的父亲派人送来了许多好酒大肉。过了几天，这位朋友又来了，他进屋一看，送来的食物仍原封不动地放在那里，已经发霉变味了。他感到十分奇怪，便问范仲淹是怎么回事。范仲淹对朋友的盛情表示十分感谢，他说："我并不是不感激令尊的厚意，只是因为我平常吃稀饭已经成为习惯，并不觉得苦。现在如果贪图吃好的，将来怎么能吃苦呢？"后来他终于成为古代的著名政治家和文学家。

范仲淹的经历和他的话给我们揭示了这样一些道理。

首先，艰苦奋斗是关键环。有人说事业的成功、人生价值的实现离不开知识和能力，这话固然不错，但知识和能力在应用之前仅仅是一种潜在的价值。纵观古今中外的历史，伟人之所以干出了一番轰轰烈烈的事业，做出了惊人的业绩，大都要经过一番艰难困苦的磨砺和不息的奋斗。古代的大教育家孔子就是在颠沛流离、周游列国中获得了治国的主张，悟出了为人处世的道理。马克思在饥寒交迫的发愤钻研中找到了人类社会的发展规律，孙中山在几十年的苦苦探索和奋斗中完成了推翻延续几千年的封建王朝的伟大功绩，毛泽东同志在艰苦的战争磨炼中带领中国人民完成了解放和建立新中国的宏伟大业。微软创始者盖茨在计算机软件领域所建立的"帝国"正是他几十年辛勤努力的结果。一个人如果缺乏艰苦奋斗的精神和行动，即使有广博的知识和较强的能力，对事业的成功也无济于事。

其次，艰苦奋斗是磨刀石。坚强的意志是在艰苦的实践中磨炼出来的。我们青少年即将承担中华民族伟大复兴的宏伟大业，没有坚强的毅力是难以担负起这个历史重担的。特别是在激烈的国际竞争中，我们面临的形势更复杂、任务更艰巨，要想居于有利的地位，就必须具有坚强的毅力和坚定的信念。就我们的学习而言，要想学得真本领，成为真才实学的人，也必须具有坚强的意志和艰苦奋斗的精神。正如毛泽东同志所说的，学习并不是一件轻松的事，必须"下苦功"。这里所说的"苦"就是要坐下来，静下心来；"功"就是要花费时间钻进去；"苦功"就是要辛辛苦苦地花大气力去学习。

最后，艰苦奋斗是防腐剂。追求安逸是人的生理本能，一个人一旦安逸惯了，生活和工作中遇到困难时难免要出现畏难情绪，进而出现知难而退，即使硬着头皮干下去也往往难以善始善终。记得在红军的延安时期，有一部分战士对整天饿着肚子爬清凉山的训练不理解，有着较强的不满情绪。毛泽东同志就耐心地告诉他们说：可别轻视这爬山训练，这可是我们的看家本领，是克敌制胜的法宝，只有平时多吃苦多流汗，才能做到战时少流血。因此，从这一点来看，范仲淹还是懂得一点人生哲理的。

那么，我们如何才能继承和发扬艰苦奋斗的优良传统呢？

首先，要端正认识。有人认为艰苦奋斗精神已经过时。在中国共产党的带领下，全体人民的物质生活发生了翻天覆地的变化，全面建成小康社会，这样的情况下还谈继续坚持艰苦奋斗精神已经不合时宜。我们要正确认识到，艰苦是相对的，奋斗是绝对的。艰苦指的是客观环境、条件的相对艰苦。然而环境、条件随着社会生产力的发展而变化。在生产力发展的同时，客观环境、条件也会不断提高，因而艰苦是相对的。"生命不息，奋斗不止。"不管客观环境、条件如何变化，不懈奋斗始终是不变的主题，奋斗是绝对的、永久的。同时要认识到，艰苦奋斗不是要我们把自己的生活水平标准降低，也不是要我们把自己本来好的生活环境变坏；而是要求我们在学习、生活和工作中不怕吃苦，积极进取，发扬艰苦奋斗的精神。

其次，要敢于斗争。苏联著名作家高尔基曾经说过："一个人的目标越高，他工作的动力就越大，对人类的贡献就越大。"一个有远大志向的人即使生活在恶劣的环境中也是从不觉得苦的，因为他关注的是事业的成功，而根本不会计较生活的艰辛和环境的好坏。始终保持昂扬的斗志，以脱贫攻坚战为例，我们党带领人民八年来不懈奋斗、夜以继日精准扶贫、精准脱贫，使得9899万农村贫困人口全部脱贫，脱贫攻坚战取得全面胜利。在以习近平同志为核心的党中央坚强领导下，对脱贫攻坚的重点难点，一个环节一个环节抓，一个节点一个节点抓，一件小事一件小事抓，不达标准决不销账。坚持底线思维，增强忧患意识，勇于进行具有许多新的历史特点的伟大斗争，带领人民为实现中华民族伟大复兴不懈奋斗。

再次，要有危机意识。有人认为以前为了生存，中国共产党和全体人民艰苦奋斗，今天我们有条件享受生活，所以我们可以停下来喘口气、歇歇脚。古人云："居安思危""防患于未然"。只有平时有意识地进行艰苦奋斗的实践磨炼，才能在以后的事业中有所贡献。要自觉地自加压力、自找"苦"吃。只有这样，才能在生活和工作中处于主动地位；否则，遇到困难难免会败下阵来。在南方深圳流行的青蛙的故事给了我们一个很好的启迪：把青蛙放进一个开水锅里，它会立刻蹦跳出来，如果把它放进一锅温水中，慢慢加热，当还是温水时，青蛙很舒服，感觉不到危险，但当水越烧越热，它想跳出来已经来不及了，最后烫死在锅里。这里说的是低级动物的生态反应，而对于一个人乃至一个国家又何尝不是这样呢！

最后，要实干兴邦。"空谈误国，实干兴邦。"一切美好的生活都要靠艰苦的劳动创造，人民对美好生活的需求最终要在全社会每一个个体的艰苦奋斗中得到满足。只有坚持诚实劳动、艰苦奋斗，才能实现梦想、破解发展难题和铸就生命的辉煌。"幸福都是奋斗出来的"，只有坚持不懈地奋斗，才能满足人民对美好生活的需求。实现人民对美好生活的需求离不开全社会每一位成员的不懈奋斗。新时代人民对美好生活的需求是全方位、宽领域、高质量的，涉及经济、政治、文化、教育、生态、安全的方方面面。例如，人民对教育公平，德、智、体、美、劳全面发展等方方面面都提出了更高的要求。要满足人民对美好生活的需求，就需要全社会每一个个体都行动起来，为满足自己和他人对美好生活的需求不懈奋斗。

第三节　矛盾与调适

朱光潜先生在谈人生时，曾说过一段颇有哲理的话："我们所居的世界是最完美的，就因为它是最不完美的。……假如世界是完美的，便必呆板单调已极。因为倘若件件事都尽善尽美了，自然没有希望发生，更没有努力奋斗的必要。人生最可乐的就是活动所生的感觉，就是奋斗成功而得的快慰。这个世界之所以美满就在有所缺陷，就在有希望的机会，有理想的田地。换句话说，世界有缺陷，可能性才大。"这里，朱先生对世界的揭示以及对人生的认识，可谓是入木三分。

一、人生矛盾

世界有缺陷、不完美，就会造成冲突，形成矛盾；人生有缺憾、不完美，就会造成人生各种问题的冲突，形成人生矛盾。世界上矛盾无处不有，人生中矛盾无时不在。人生矛盾贯穿于人生的全过程，存在于人生的每个方面。矛盾是人生发展的动因。运用马克思主义哲学的对立统一规律(矛盾规律)的矛盾分析法来分析人生，我认为人生存在两对基本矛盾，即生与死的矛盾、取与舍的矛盾。要实现人生的幸福，就需要正确认识和处理这两对基本矛盾。

第一，是生与死的矛盾。生与死一刻也不能分离，有生有死，有死有生，循环往复。所谓人生，就是人的生命由生到死的历程，也是一个生死不断更替的过程。人生的两端被称为出生与死亡，呈现出生命的质变状态；生命过程中的生死更替被称为新陈代谢，呈现出生命的量变状态。有生必有死，死是人生的必然归宿。在这个世界上，人人都要死，任何人不能例外。换句话说，生命是有限度的。从唯物辩证法的角度看，正是生命的有限性这个本质特征，促使人们善待生命、珍惜生命，也决定了生命的价值和意义。

第二，是取与舍的矛盾。人生中充满各种各样的选择，有选择就会有取舍，人生过程就是一个不断取舍的过程。只有把握了取舍，才能掌握人生。因此，取舍对于人生至关重要，直接关系到人生的自由、成败与幸福。我们要懂得取舍，放下所有难以放下的，选择所有应该选择的，并专注于自己的选择，努力成长，实现人生幸福。

青年人的主要人生矛盾，除了包括生死矛盾、取舍矛盾外，还有一些青年人所特有的矛盾问题，诸如个人理想与社会理想的矛盾、理想社会和现实社会的矛盾、理想人生与现实人生的矛盾、专业学习与未来职业的矛盾、自主性与依赖性的矛盾、情感和理智的矛盾、物质生活和精神生活的矛盾、社会成熟和个性发展的矛盾等。那么，我们该如何把握宝贵的时光，有效化解矛盾呢？我想，最主要的一点是应该确定人生道路的大方向，也就是要树立正确的人生理想。

所谓理想，就是人们在社会实践中形成的、有价值的和具有现实可能性的对未来生活的向往与追求的目标。人生理想是人类特有的一种精神现象。一个人，如果没有明确的人生理想，就会浑浑噩噩地混日子，没有出息，甚至走向歧途。人和动物不同，人的活动有着自觉的意图和预期的目的。在现实生活中，任何人的行为都受一定人生理想的支配。平时我们讲的有理想，指的是是否具有崇高的理想，因为崇高的人生理想对人生发展具有极为重要的意义。

第一，理想决定着人生发展的航向。理想是人生的灯塔，照耀着人生前进的方向。一个人在社会中生活，要想有所作为，就必须有理想。崇高的理想是一个人心中的太阳，它照亮着生活中的每一步。古往今来，大凡有作为的人，大都有远大的志向。雄心壮志是鼓舞人创造丰功伟绩的巨大推动力。实现中国梦，需要人们树立顽强奋斗的信心，始终坚定为实现中华民族的伟大复兴奋斗终身的信念，在自己的人生道路中涂写下光辉的笔迹。人们对美好事物的憧憬、向往和追求，会产生巨大的精神感召力，它会促使人们在改造自然、改造社会的活动中不畏艰险，发挥主观能动性，去争取胜利。而一个具有崇高理想的人，他就有了生活的目标和努力的方向，就不会庸庸碌碌，就会把有限的生命投入实现理想的奋斗中去，创造出生命价值。从这个意义上讲，一个人理想的高度直接制约着他才能发挥的程度。一个仅仅是为了混张文凭而上大学的人和一个致力于为人类事业作出贡献的人，绝不是可以同日而语的。

第二，理想激发着人生奋发的活力。理想是人们对美好未来的向往与追求。崇高的理想能熔炼人无私无畏的品格，从而令人奋发向上。习近平也说过，理想信念就是共产党人精神上的"钙"，没有理想信念精神上就会"缺钙"，就会得"软骨病"。一个人胸怀理想，就会目光高远，致力于为人类、为人民的伟大事业。马克思早年大学毕业后，为了无产阶级的解放事业，毅然放弃了当教授、做学者的志愿，过上了极端困苦的侨居生活。同时，一个人理想的高低直接影响着他的精神状态。一个对未来充满向往与追求的人，必然精神振奋，即便是在恶劣的环境中，也会表现得不屈不挠。

第三，理想培养着人的社会责任和道德情操。一个人一旦树立了崇高的理想，他就会自觉地用崇高的理想境界来激励自己，用理想人格来要求自己，从而表现出强烈的社会责任感和良好的道德情操，社会各条战线不断涌现出来的先进模范人物就是一个例证。我们只有始终保持着浩然正气和昂扬锐气，才能战胜各种艰难困苦，经受住各种风险的考验。社会生活中我们不难发现：那些对社会贡献大的人往往是不计较个人得失的人。特别是在攻坚克难背景下，只有具有崇高理想的人，才不至于被物欲和金钱所吞噬，并为社会、为他人做出自己的努力。

理想的实现要解决什么矛盾呢？理想，大致上可分成个人理想和社会理想两大层次。

个人理想的实现要解决什么矛盾呢？从根本上来说，个人理想的实现要解决与社会理想的矛盾。个人理想与社会理想是互相联系的，个人理想的实现依赖于社会理想的实现，个人理想必须服从和体现社会理想。当然，没有个人理想，社会理想也就落空了。因此，与社会理想相脱节或背离的个人理想是不可能实现的；社会理想不实现，个人理想要圆满实现也是不可能的。这个道理是显而易见的，只有当我国成为富强、民主、文明、和谐、美丽的社会主义现代化强国时，我们每个中国人也才能真正过上富裕、民主、文明的生活。

社会理想的实现要解决什么矛盾呢？要解决理想实现少数人和多数人的矛盾。一种理想，在刚刚产生的时候，能认识它、接受它、实践它的人往往很少，随着实践的进展必定增加，但是在相当长的时间中仍然可能只是少数。因为，开始认识、实践理想的少数人往往有孤独之感。虽然，对理想，多数人总归会赞成的，但是，在相当长的一个时期中，不理解、嘲讽理想之事会出现，不肯为理想而付出劳动、牺牲的人会存在，甚至，会有妨碍理想实现的种种愚蠢行为。这是人的认识的局限性，是不足为怪的，问题是理想的实现必须由多数人觉悟和实践，这就是理想实现中少数人和多数人的矛盾。解决这种矛盾的主要途径是实践，首先是少数先进分子的实践，通过实践改变人们的认识，提高人们的觉悟，随着理想实现程度的提高，为理想而奋斗的人会越来越多，理想实现的日子就会越来越近。这样的道理是有关人生理想的基本的重要的道理，懂得这样的道理才能从根本上懂得人生的道理。广大文艺工作者要把社会主义核心价值观落实到人格修为、艺术修养的里里外外、方方面面，树立正确的世界观、人生观、价值观，特别要处理好社会效益和经济效益的关系，坚持把社会效益放在首位；都应主动领会、努力践行社会主义核心价值观，围绕社会主义核心价值观提升、完善思想道德境界，做到内化于心、外化于行，承担起引领文明道德风尚的责任。

把著名作家魏巍的一段话送给大家：青春是美丽的，但一个人的青春可以平淡无奇，也可以放射出英雄的火花；可以因虚度而懊恼，也可以用结结实实的步子走向光辉壮丽的成年。

二、理想与现实

人总是要有理想的，人人都是有理想的，这是符合实际的。

（一）理想面面观

有人说："没有理想照样生活。"人和动物有什么区别呢？区别在于有意识，意识有能动作用。人做什么事，都是有意识有目的的。人能有目的有预见地改造客观世界，动物就没有这种本事。人做什么事，在头脑中总先有个目标，小事有小目标，大事有大目标，一时有一时的目的，一生有一生的目标。人如果失去目标，就与动物没有什么区别了。理想，从广义上讲，无非是人生目标。我们说，共筑中国梦，要做一个有理想的人，无非是要人们确立一种科学的生活目标。人只要有意识，也就必有目标或理想（从广义上讲）。认为人不要理想，本身就是一种理想（目标），只不过这种理想不科学罢了。大公无私是一种理想；"不为公，不犯法"也是一种理想（生活目标）；"正正经经过日子，缺德的事不干"又是一种理想（生活目标）。总之，问题不在于要不要理想或有没有理想，而在于到底要有个什么样的理想。

有人说"理想是空的，还是实惠点好"，这似乎有道理。其实，从广义上讲，理想就是生活目标，人人都有生活目标，人人也都有理想。既然人总是要有理想的，那么，总是要"讲理想"的。所谓"讲理想"，就是人怎样去选择科学的生活目标作为自己的理想。人的意识是有能动作用的，正确意识和错误意识都是有能动作用的。只不过前者能正确指导人们的行动，取得预期的效果，进而促进事物的发展；后者的作用则相反。我们既不希望自己像无头苍蝇一样在生活中乱撞乱碰，又不希望自己因无谓的活动浪费青春、浪费人生，那么就一定要选择一个符合客观规律的生活目标作为自己的理想，理想总是要有的。因此，讲理想不是空洞的或可有可无的事，也不是唱高调，而是每个人所需要的。

有人说"无所求无所愁，越有理想越痛苦"。这是当前社会上，青年中普遍存在的一种心态，是一种消极的精神状态。"难得糊涂"到处流行，正是这种心态的表现。其实，无所求是不可能的。就算无所求，也不一定无所愁，逃避现实，只会引来更多的矛盾。面对现实的矛盾，只有实现理想，克服现实中的矛盾，才是愁苦的摆脱，才能有幸福的体验。只考虑个人之求、个人的目标、个人的理想，那么，一旦个人追求、目标、理想实现不了，确实会有痛苦。但是，如果把个人理想与社会理想结合起来，融化在社会理想之中，那么，只要为理想而奋斗，即使个人理想得不到实现，也会因为在精神上得到满足而感到幸福。

从人生哲学的思考来说，出现这类现象，根本原因就是不能摆正理想与现实的关系，把理想与现实割裂、对立起来。经验主义只承认现实存在的事实，而无视理想，死守单一的、狭隘的经验，以为只有自己经验的理想是正确的，不能以理想来指导和转化现实，这实际上是把理想僵化、世俗化。理想主义则只看重理想而无视现实，把理想当作任意主观创造，反对任何经验根据，认为理想的追求也是绝对自由的，任何人都可以通过自我设计成为他们想要成为的人，因而往往陷入无现实根据的幻想中，使理想流为空想。这种对待理想与现实关系的片面性，只有从辩证唯物主义的观点上，全面地理解理想和现实的关系，才能得到解决。

（二）理想与现实的两重特性

在现实生活中，我们每个人都具有胸怀理想与面对现实的两重特征。特别是在我国向社会主义现代化强国迈进的过程中，人们普遍存在着要求改变现状的心理。这种心理，一方面可使人穷则思变、奋发图强；另一方面可导致短期行为、急功近利、不计后果，致使一些人在抓经济建设的同时，忽视了精神生活建设、社会的全面进步和人的全面发展，由此加剧人们对现实的不满，从而引发理想与现实的矛盾与冲突。

理想与现实本身就是一种矛盾。理想不是现实，却来自现实。理想是对未来的、可能实现的、美好目标的设想。可见，理想不是今日之现实。理想作为一种社会意识是对现实的反映，是由对现实的不满足、不满意而产生的愿望。这就是说，人类社会生活充满着矛盾。人们对自己所处的现实状况总会有若干不满足、不满意，总希望有所前进。要恰当处理这些现实的矛盾，就产生了种种理想。正是因为有不理想的情况，才需要有理想，现实的一切都令人满意，何必要有理想呢？理想在现实中总有它产生的根源。同时，理想高于现实，是未来的现实。这就是说，理想是人们争取和创造所需要的新现实的表现，是创造高于今日现实的未来的现实，有理想并把理想付诸实践正是人们改造世界的集中体现，正是人们意识能动作用的集中体现。正因为这样，有理想，是一种进取的积极的精神状态，能激励人们为美好目标去奋斗，去克服困难，去争取成功和胜利。人们有了这种精神状态，人生就会熠熠生辉。否则，在不理想的现实面前悲观失望、畏缩不前，人生也就会暗淡无光。理想所以能化为人生的精神支柱，道理也就在于此。

（三）理想与现实矛盾的调适

理想是人们的世界观、人生观和价值观在奋斗目标上的集中体现。理想是一种精神现象，是人类社会实践的产物。理想是人们在实践中形成的、有可能实现的、对未来社会和自身发展的向往与追求。

从人生的实践来说，要克服对待理想与现实的片面性，使理想有把握地转化为现实，就必须掌握三个条件：第一，必须让理想成为有现实根据的、合理的理想，而不是无现实根据的幻想和空想。第二，必须具备坚强的意志，把理想付诸实践，使意志自律和实存的他律统一起来。第三，要根据对客观及主观条件的认知，找出正确的实践途径和方法，设计可行的计划和方案，扎扎实实地保证理想的实现。当预定的理想付诸实践之后，便可以产生出实践的结果，在生活中创造出新的现实，即人化了的现实。如果实践正确，结果就会大体与理想相一致；如果实践错误，结果就会与理想不一致，以致事与愿违。然而，在人生过程中，个人的理想使命与现实条件和实现理想的前提，总是处在矛盾之中的，即总是不那么理想或很不理想。作为民族复兴伟大事业的建设者和接班人，我们广大学子要从人与社会的关系出发，站在构建人类文明新形态的高度，站在为民族文化增彩添色的高度，一方面仰望星空、心怀理想，一方面脚踏实地、孜孜以求。

第一，心系祖国，理想才有根基。有人说："艺术是没有国界的。因此，从事艺术的，只需关心自己的艺术事业，其他的可以不太在意。"这种观点是极其错误的。作为社会主义现代化建设主力军中的一员，我们艺术院校的大学生同样要以国家繁荣、民族振兴为己任，怀抱崇高理想，践行求真务实之风。艺术虽然没有国界，但艺术家有国界。我们要向那些德艺双馨的艺术大师们学习，学习梅兰芳先生蓄须明志的爱国之心，学习齐白石先生闭门谢客的勤勉之心，学习常香玉先生倾囊相助的无私之心。

第二，方向明确，理想才更坚定。列夫·托尔斯泰说："理想是指路明灯。没有理想，就没有坚定的方向；没有方向，就没有生活。"人们改造客观世界和主观世界的实践活动既追求眼前的生产生活目标，又憧憬未来的生产生活目标，期盼满足更高的物质和精神需求。对现状不满足、对未来不懈追求，是理想形成的动力源泉。因为有理想，鞋匠的儿子安徒生成为童话大王；因为有理想，身弱的李小龙成为功夫之王；因为有理想，父母早亡的香奈儿成为时装女王。

第三，仰望星空，理想才更高远。温家宝在题为"仰望星空"的诗中写道："我仰望星空，它是那样寥廓而深邃；那无穷的真理，让我苦苦地求索、追随。我仰望星空，它是那样庄严而圣洁；那凛然的正义，让我充满热爱、感到敬畏。我仰望星空，它是那样自由而宁静；那博大的胸怀，让我的心灵栖息、依偎。我仰望星空，它是那样壮丽而光辉；那永恒的炽热，让我心中燃起希望的烈焰、响起春雷。"是啊，仰望星空，可以激起对无穷真理的求索；仰望星空，可以引发对凛然正义的敬畏；仰望星空，可以促使对自由的追寻；仰望星空，可以诱发对博爱的思考。在寥廓而深邃、庄严而圣洁、自由而宁静、壮丽而光辉的星空下，我们有着对真理、自由、博爱的思考，对国家民族、人类共同命运的关怀，有着"先天下之忧而忧，后天下之乐而乐"的气概。

第四，心忧天下，理想才更切实。"身无半亩，心忧天下；读破万卷，神交古人"，这是左宗棠的自勉联。左宗棠是晚清重臣，著名的军事家、政治家、湘军将领、洋务派代表。他5岁时就随父到省城长沙读书，但少时屡试不第，转而留意农事，遍读群书，钻研兵法，后竟因此成为清朝后期著名大臣，官至东阁大学士、军机大臣。他不仅攻读儒家经典，更潜心于经世致用之学，对那些涉及中国历史、地理、军事、经济、水利等内容的名著视为至宝。他在任期间，创办了船政学堂，发展造船技术，培养海军人才。后来，他又创办了福州船政局，成为中国第一个新式造船厂，为中国近代工业的发展奠定了基础。左宗棠的这副联，上联讲立志，自己虽然家无半亩土地，收入难以解决温饱，心里却时刻关心着国家民族的前途和命运。下联讲读书，说只有广泛阅读各类书籍，向古代贤哲仁人请教精神上的教诲，才能发挥所长，经世致用。因此，我们在树立理想之时，不应只顾自身利益，而应"放眼天下事"。

要解决理想与现实的矛盾与冲突，就需要我们不仅要胸怀远大理想，更重要的是要有正视现实、直面人生、从现在做起和从我做起的勇气。理想的实现并不是一蹴而就的，是需要我们付之于长期不懈的努力的，甚至是几代人、几十代人、几百代人的努力。同时，理想的实现是一个渐进的过程。我们追求理想，不仅在于理想的前景是美好的，而且在于在追求理想的过程中，确实能使人们的物质生活和精神生活逐渐得到改善和提高，使人生活得充实、幸福。

三、闪耀出青春的火花

习近平总书记在多次重大会议上强调树立人生理想的重要性，他强调："理想信念就是共产党人精神上的'钙'，没有理想信念，理想信念不坚定，精神上就会缺'钙'，就会得'软骨病'。"[1]这并不仅仅是习近平总书记对我们共产党员的要求，也是对我们青年一代的要求，那么，应该确立什么样的理想呢？这要根据每个人生活的环境、条件、思想状况而定。"为共产主义奋斗终身"的远大理想，是许多革命先辈、先烈和英雄、楷模的理想。当然这并不是每个人都能确立的，也不是一下子能够确立的。作为最基本的要求，是要做一个热爱祖国、有益于社会的人，或者说到底：要做一个好人。无论具有远大理想，还是想做一个普通的好人，都还只是一个抽象的范畴，都需要通过具体的工作目标来实现。有明确的理想，无论你做什么工作，都不会偏离前进的方向。比如：做医生，要做一名为患者解除痛苦的，兼有医术、医德的好医生；当教师，要做一名辛勤培育"祖国花朵"的园丁；当工人，要认真负责地完成本职工作，不断提高技术水平，搞技术革新，为发展社会生产力贡献力量；当兵，要忠心耿耿保卫人民幸福、保卫祖国边疆；当农民，要学习科学技术，科学种田，改进农业生产落后状况；当艺术家，就要做德艺双馨的艺术家；等等。这些都是具体的奋斗目标。

其实，不用说，大多数年轻人，无论现在在什么岗位上，都对未来有所追求。青年人是不会安于现状的，每个人心中都会有对未来的希望和奋斗目标，只是份量、标准不同罢了。有一点可以确信，只要你心中有一个正确的大方向，无论在什么工作岗位上，都会闪耀出青春的火花，成为一个有益于社会的人。可见，不论在哪个工作岗位上，只要你有正确的方向，并孜孜不倦地努力，就能在你的岗位上发光发热，就能得到人民和社会的认可，就能创造出美好灿烂的人生。

（一）厚植情怀

一直以来，爱国主义就是青年尤其是大学生人生价值的重要主题。中国自被英国用火炮被迫打开国门之后，一代代有理想抱负的青年胸怀救国之志，积极献身于救国救民的革命斗争之中，不惜抛头颅洒热血，最终取得了民族独立、国家解放的艰难胜利。之后，新时期的青年又积极投入社会主义建设和改革的事业中，建设基层，服务人民，为社会主义现代化事业的推进作出了卓越贡献。这种爱国主义具有顺应社会和历史发展规律的进步性，是一大批有志青年的崇高精神境界和可贵人生价值追求。有的人，在敌人的威逼利诱、软硬兼施面前，始终保持一颗爱国心，不屈服，不胆怯，用自已的实际行

---

[1] 习近平.紧紧围绕坚持和发展中国特色社会主义 学习宣传贯彻党的十八大精神——在十八届中共中央政治局第一次集体学习时的讲话[EB/OL].（2012-11-19）[2024-12-10].https://www.gov.cn/ldhd/2012-11/19/content_2269332.htm.

动书写了爱国与尊严，如蓄须明志的京剧大师梅兰芳，抗战时期，在日伪政府的多次威逼利诱下，梅兰芳没有为他们唱过一场戏。京剧被世界各国称为中国的国粹，如果连国都没有了，哪来的粹？要国粹何用？所以梅兰芳蓄须明志的行为，是本着对民族、对历史、对国家负责的态度而做出的决断。

（二）献身事业

每一代人有每一代人的任务，人生价值的表现因而是历史的、现实的、具体的。有的人将自己的生命和全部的精力献给了人类的解放事业，觉得这样的人生才有价值。这正是无数革命先行者的人生写照，一代伟人毛泽东当年求学长沙时就这样写道："一个之我，小我也；宇宙之我，大我也。"毛泽东从青少年时起便已确立并在后来的革命实践中完善了"大我"的价值意识。为了中国革命，他的一家做出了巨大的牺牲。他之所以在人民群众中拥有崇高威望，是与他毕生书写"大我"的高尚人格分不开的。

（三）追求理想

有的人，一生坎坷，历经磨难仍百折不回，不向命运低头，凭借坚定的信念和毅力实现了自己的人生追求。如著名的音乐大师贝多芬，他父亲是宫廷唱诗班的歌手，碌碌无为、嗜酒如命；母亲是一个女仆，心地善良、性情温柔。艰辛生活剥夺了贝多芬上学的权利。他自幼酷爱音乐，从4岁起就整天没完没了地练习双管键琴和小提琴。7岁时首次登台，贝多芬获得巨大的成功，被人们称为第二个莫扎特。恰在此时，贝多芬发现自己耳朵变聋了。对于一个音乐家来说，没有比失聪更可怕的了。贝多芬在感情道路上也非常不顺，他曾喜欢过的女孩选择和一位伯爵结婚，这使他终生未婚。然而，命运的不遂并没有影响他对理想的追求，历经磨难的他终于完成震惊世人的巨作《第九交响曲》。

（四）砥砺奋进

青年的人生价值不是在空喊口号、敲锣打鼓中就能生成的，创造人生价值的过程注定充满了荆棘和不平坦，这对担负着社会主义现代化建设重任的中国青年来说既是机遇也是挑战。因此，青年人生价值的生成离不开砥砺奋斗。当前的社会物质条件比以往任何时期都要优越，但在实现中华民族伟大复兴的进程中，还会遇到新的困难和挑战，这就要求新时代青年继续发扬艰苦奋斗的精神，不畏艰险，脚踏实地，攻坚克难，做新时代的奋进者、开拓者、奉献者，在奋斗中创造人生价值。

我们从现在开始，树立崇高理想，定下远大志向，努力使自己成为对祖国、对民族、对人民有用的人。习近平总书记在纪念五四运动100周年大会上的重要讲话指出："青年是整个社会力量中最积极、最有生气的力量，国家的希望在青年，民族的未来在青年。今天，新时代中国青年处在中华民族发展的最好时期，既面临着难得的建功立业的人生际遇，也面临着'天将降大任于斯人'的时代使命。"我们就应当成为这样的人。

📖 课后思考题

1. 什么是人生哲学？
2. 简述中国儒家的人生哲学思想的代表人物及主要思想。
3. 孔子的儒家人生哲学的主体、主线是什么？
4. 如何理解孟子的"人性本善"？
5. 简述中国古代道家、墨家、法家、佛教的人生哲学思想及代表人物。
6. 现代西方人生哲学思想有哪些流派？分别主张什么？
7. 什么是人生价值？人生价值包括哪些内容？
8. 简述人生的自我价值和社会价值的关系。
9. 衡量一个人人生价值的标准是什么？
10. 为什么要树立正确的人生价值观，抵制错误的人生价值观？
11. 如何理解人生责任？
12. 作为新一代，我们如何继承和发扬艰苦奋斗的优良传统？
13. 简述崇高人生理想对人生发展的重要意义。
14. 如何解决理想与现实的矛盾？
15. 如何理解"仰望星空，理想才更高远；心忧天下，理想才更切实"？

课后思考题及答案

第五章

艺术·哲学

> 艺术是一种精神现象，同时又是一种社会现象。从艺术诞生的时候起，人们就开始了对艺术的思考。当人们通过艺术来探究世界和人生的奥秘、意义等问题的时候，当人们运用哲学来思考艺术问题的时候，就产生了有关艺术哲学的思想。

本章思维导图

第一节　全貌与真身

一、艺术与哲学的关系

　　艺术与哲学有什么关系呢？哲学是对人生的有系统的反思的思想，它要阐明世界的本质、人类的处境和人生的意义。艺术则以审美形式感受世界，领悟人生，赏玩生命的斑斓色彩。人从哪里来？人生意义究竟何在？人的归宿在何处？往往成为哲学与艺术共同探索的问题。艺术与哲学最大的共性在于对世界强烈感受后的反思，然后用两种不同的方式表现出来。艺术，用精神直观的感觉去领会自然；艺术对自然的面目，只能是朦胧地非确定地含蓄地表达内心的感受，它可能是肤浅的，但又是美的。哲学，是用概念、用逻辑、用自然自身的质去解剖自然。前者用情感，后者用理性，将思想向世人倾诉，以引起共鸣。艺术与哲学之间始终保持着深刻的内在联系。

　　一是哲理思考使艺术作品更富哲学启迪。所谓哲思是一种人生智慧，是对人的本质、人的命运、人的处境以及历史传统与未来前景的哲理思考。与一般作品相比，这种哲思构成作品的精髓，蕴含哲思的作品其审美价值要丰富得多，艺术韵味要隽永得多，艺术生命也要长久得多。一般地说，中华艺术中的哲思多表现为人生的慨叹、时空的易逝多变、生存的领悟和沉思冥想。西方艺术则更多着眼于个体生命本身，强调人的自然天性和人的欲望、情爱等等。《三国演义》卷首题词"滚滚长江东逝水，浪花淘尽英雄。是非成败转头空，青山依旧在，几度夕阳红"，与莎士比亚借哈姆雷特之口对人的赞美"人是一种多么了不起的作品！——宇宙的精华，万物的灵长"形成鲜明对照。

　　二是哲学思考促进艺术发展。哲学问题的探索更自觉、更系统，也更深入。因此，哲学作为民族、时代、社会的系统反思和自我意识，必然对艺术创作和艺术发展产生深刻影响。在西方，自亚里士多德《诗学》谓"写诗这种活动比写历史更富于哲学意味"

开始，从古希腊到19世纪，哲理诗、哲理剧和哲理小说，成为西方艺术中的一个重要门类。同样，中国古代诗歌在中国哲学的影响下，也形成了富于民族特色的哲理诗形态，即魏晋玄言诗、隋唐佛禅诗和宋理学诗，这是一笔值得珍视的艺术财富。

三是哲理思想影响艺术思潮。西方从文艺复兴时代的人文主义艺术，到启蒙主义艺术、浪漫主义艺术、现实主义艺术以及现代主义艺术的流变，都受到特定时代哲学的影响。中国儒、道、释互补的哲学思潮，则贯穿中国艺术史和中国文史始终，一部中国艺术史成了三种艺术风貌此消彼长的历史进程，一种是"先天下之忧而忧，后天下之乐而乐"的入世精神；一种是"大鹏一日同风起，扶摇直上九万里"的逍遥精神；一种是"江流天地外，山色有无中"的彻悟境界。当一种艺术成为一种社会思潮时，它将渗透到生活的各个方面，也将左右艺术的面貌。从中国艺术看，最广义的艺术也就是最广义的哲学，"画以立意""乐以象德""书以达道"。中国艺术高度的表现性、抽象性和写意性，来源于它同哲学的这种自觉联系。

二、艺术思潮

艺术思潮是指在一定的社会思潮和哲学思潮的影响下，在一定历史时期和地域之内的社会、政治、经济、文化的变动下催生的，在艺术领域中出现的新的影响广泛的艺术思想和创作倾向的潮流。中外艺术史上，曾经出现过不少艺术思潮，如古典主义、浪漫主义、现实主义、象征主义、现代主义和后现代主义等等，突出地反映了某一特定时代的社会思潮和审美理想，对各门艺术都程度不同地产生了影响。

艺术思潮源于西方。艺术史上出现过许许多多的艺术思潮。思潮的传播和接受，是一个复杂的过程，会受到当时民族文化心理的影响。人们往往会有选择地接受某些思潮。艺术思潮形成之后常常会产生较大的影响，从一个地区传播到其他地区。比如五四时期，现实主义、浪漫主义、表现主义、象征主义和唯美主义等各种思潮涌入中国，使当时的艺术观念、审美倾向发生了巨大的变化。但被人们所接受和发展起来的，最终只有现实主义思潮，因为它符合当时中国的社会特征和时代状况。五四以来的知识分子担负着救国救亡的重任，艺术的目的是"为人生"，是为改造社会服务。现实主义艺术思潮正好与社会批判、社会改造的时代任务相契合，因此在艺术家那里产生了共鸣，使这一思潮得以生存与发展。西方艺术思潮的另一次引入是在20世纪80年代初期，使得那个年代的艺术创作，出现了新的气象。

三、艺术流派

一般情况下，艺术思潮大于艺术流派，它所涵盖的范围更广，而规范性更小。思潮不像流派那样，在艺术风格、思想观念等方面具有较为严格的要求。艺术思潮能产生艺术流派，同一思潮之下可以包含多种流派。

所谓艺术流派，是指在一定的历史阶段内，由一些思想倾向、艺术主张、创作方法、艺术风格等方面相近或相似的艺术家，自觉或不自觉地形成的艺术家群。这就说明，艺术流派必须具备两个基本条件：一是要有一些具有一定影响的或大或小的艺术家群，只有少数一两个艺术家是称不上艺术流派的；二是这些艺术家由于生活在同一个历史空间，容易产生对社会生活、艺术创作基本相同或相近的看法和理解，即他们彼此有着相近的思想倾向、审美主张以及审美趣味，以致在艺术创作的题材处理、表现手段和方法、艺术风格等诸方面有相似之处。

艺术流派是在人类艺术发展到一定阶段才出现的。在原始社会的各种技艺中所表现出来的平实古朴的集体风格，是不具个性的集体意识的、由模仿实物而来的一般化的特点。只有发展到社会有了分工，艺术工作者从体力劳动中独立出来以后，才开始有了艺术个性和风格，而这又为后来出现的艺术流派准备了条件。艺术流派的出现是艺术史进一步发展的结果。最早往往是由在艺术上有突出成就的艺术家及其艺术作品产生了较大影响和效应，才形成为后人所称之艺术流派的。只有到了近代，才出现了一些有目的、有组织、有宣言的、自觉的艺术流派。

艺术流派的形成有自觉和不自觉两种情况。所谓自觉形成的艺术流派，是指在一定的历史时期和社会条件下，由一些思想倾向、艺术见解、作品风格相近的艺术家自觉地组织起来成立一定的组织，公开提出自己的主张或艺术纲领，出版一定刊物，组织和培养自己的创作队伍，有自己的代表性艺术家和代表作，甚至还能联系自己的观众群等等。这是严格意义上的艺术流派。如西方现代派中的超现实主义就是这种自觉的艺术流派。1919年，该流派的首领和主要骨干布勒东、艾吕雅和阿拉贡创办了杂志《文学》，宣传他们的主张，并于1924年发表超现实主义第一号宣言，正式建立超现实主义文学流派、代表作家及作品如布勒东的诗集《磁场》等。继而这一流派的创作席卷了绘画、建筑、音乐、电影、戏剧等艺术门类，形成了艺术思潮，其中尤以绘画成就最大，如达利等一批杰出的艺术家及作品。不自觉形成的艺术流派，往往是由一个或几个代表性的艺术家及他们直接或间接的追随者自然而然地形成的。这些艺术派别一般没有共同的纲领或组织，也没有共同的艺术宣言，甚至其中有些自己并没有意识到属于某一流派，在后人的艺术鉴赏和总结艺术发展时，被概括为某一流派的。也就是说，它们的确定在很大程度上是凭理论家的阐发、社会的公认和欣赏者的默许，如中国文学史上宋代的江西诗派、西方的左岸派电影、野兽派绘画、荒诞派戏剧等等均属此类。

艺术流派是多种多样的，它是艺术不断发展、多样化与繁荣的表现。其命名依据大约可分为下列几种：以艺术倾向、艺术风格、创作方法等命名，如浪漫派、古典派、象征派、印象派、唯美派、荒诞派等属此类；以艺术大师的名字命名，如中国京剧梅兰芳开创的梅派等、德国戏剧家布莱希特开创的布莱希特戏剧体系等等；以艺术流派产生的地区命名，如中国的桐城派、岭南画派，西方意大利的伦萨画派，法国的左岸派电影等。

在现代主义思潮的冲击下，产生了众多的艺术流派，我国五四文学思潮中也形成了非常多的流派。有的时候艺术流派活动的结果，会形成一种总体性的审美风尚和创作倾向，引导和规范一个时期的艺术。这时，流派便具有了思潮的意义，比如法国的古典派和浪漫派运动，最终引发了古典主义和浪漫主义思潮。

第二节　美学与类型

艺术哲学一般被认为是美学。爱美之心，人皆有之。千百年来，美一直以其独特的魅力吸引着无数人去追寻其行踪，探求美的真谛。美的渊源同人类的历史一样，悠远而又古老。从人类在劳动中产生了自己特有的感情和意识以后，这种感情和意识就成为人的全部价值和尊严的基础，也就是在这个基础上，人类产生了对美的追问。

一、美与美学

美，无处不在。什么是美？早在三千多年前，我国商周时代的甲骨文中就出现了"美"字，"美"是"羊"和"大"两字组成，对这一写法，历来有三种解释。东汉许慎在《说文解字》中解释"美"："美，甘也。从羊，从人。羊在六畜，主给膳也。美与善同意。"这是第一种解释。据殷的《文字源流说》考证，"美"的上半部（羊）为两根长的羽毛，下半部（大）为人形，二者结合为头戴装饰物跳舞的人的形象，"美"即由此象形而来，这是第二种说法。第三种解释认为，从甲骨文"美"字的写法看，是羊头羊角戴在头上。原始人为接近兽群，巧妙地把带兽头的兽皮蒙在身上，装作野兽的样子，埋伏在野地里，甚至站到兽群中去，以便于猎获野兽。以上的三种解释虽各有异，但都共同说明，"美"字源于人类对劳动后所取得成果的赞颂和欢乐场面的描绘。

美学作为学科的产生一般追溯到18世纪德国的启蒙思想家、哲学家和美学家鲍姆嘉通。美学的德文为Aesthetik，英译为Aesthetics。按鲍姆嘉通的看法，人的心理结构可以分成知情意三个部分，与之相对应的，就应有三个门类的学问。与知对应的为逻辑学，与意相对应的为伦理学。这两门学科早就有了，就是与情相对应的学科似还没有建立。鲍姆嘉通在他的博士论文《诗的感想：关于诗的哲学默想录》中，首次提出应建立一门与人的情感世界相对应的学科——Aesthetik。从词根来看，Aesthetik这个词的意义为"感性学"。1750年，鲍姆嘉通出版了《一切美的科学的基本原理》。在这部著作中，鲍姆嘉通建立了他的"感性学"。既然感性认识的完善就是美，这应该也是对应的拉丁文被译为"美学"的一个原因，而日本与中国学者则直接将它译为"美学"，鲍姆嘉通因此而被后世尊为"美学之父"。

二、中华美学

虽然中华美学没有如同西方美学那样建立科学的学科体系，但自西周以来，基于中国传统美学思维与民族地域审美经验的美学历经数千年的流觞，其中包括各个历史时期所出现的重要理论、学派及其传承演变，依然散发着独特的魅力。

（一）中华古典美学

中华古典美学是指中华民族从西周时代到19世纪中叶近三千年的历史过程中所建构的传统美学思想体系。中华古典美学萌芽于西周末期，奠基于春秋战国时代，发端于先秦、两汉，发展于魏晋隋唐至元明时期，终结于清代中晚期。中华古典美学思想依托中国古代文化的主干儒道释，无论外在形态，还是内在精神实质和历史发展，都具有区别于西方美学思想体系的显著特点和规律。中华古典美学内容丰富，风格独特，对人类美学思想的发展作出了卓越贡献。

1. 儒家美学思想

在五千多年的中国历史中，儒家思想是主流，因此对中华美学的影响最大。儒家哲学认为，天道即人道，道是人伦法则；道的功用是德，主张文明教化，因此偏于伦理学。中华文化的核心是宗法礼教，其中礼乐是其仪式部分，诗、乐、舞一体，既是一套礼仪规范，又包含着艺术教育的内容。中华美学的实践基础是古代的艺术（包括文学），而古代艺术未脱离意识形态规范，艺术从属于礼教。在儒家的礼乐体系中，礼偏重于秩序规则，而乐（以及诗、舞）偏重于感情，乐是服务于礼的。所以，中国古代艺术不是纯艺术，文学不是纯文学，而是与意识形态融合未分的审美文化。

儒家美学思想具有如下特征：首先，儒家美学思想认为，美以道为本，乐道为美。因此，道是美的本源，美是道的体现。其次，美善一体，美具有伦理内涵，道是伦理法则。因此，善是美的本质，美是善的形式。孔子认为，文要与质相称。孟子认为，美是道德的充盈，而所谓大是崇高之美。荀子也提出"美善相乐"等，把审美与道德、善相提并论。再次，审美是情理一体，以礼节情。从本体论上说，儒家认为，天道即人道；由于情与理未分化，道既是理，又是情，情理一体。中国伦理关系基于血缘亲情，因此传统社会是一种人情社会。当然，儒家美学更强调理对情的规范作用，不但讲以情入理，还讲以理节情，即"发乎情，止乎礼义"。最后，儒家美学思想体现了人与世界的和谐理念。中国古典文化中没有发生人与自然、人与社会之间的充分分化，自我、个体还没有独立，世界也没有充分客体化。儒家哲学具有天人合一的世界观，主张人与世界的和谐。人与世界的和谐包括人与人、人与自然的和谐。和谐成为一种社会理想（善）和审美理想（美）。和谐理念产生了"中和"观念，表现为审美意识中理与情、审美主体与审美对象之间的和谐。

"和"的思想是中国古典哲学在探究人与自然、人与人的关系中总结出来的法则。儒家将"和"划分成六个层次，即太和、中和、人和、义和、协和、共和。在儒家看来，整个宇宙的"和"称为"太和"；宇宙中事物本性的"和"为"中和"；以中和为基础，人心平气和称为"人和"；讲道义，注重公共利益的分配为"义和"；在协调义和的过程中，国家达到和谐为"协和"；整个大同世界的和谐为"共和"。和谐不是同一因素重复，而是众多因素的对立统一，可高度概括为阴阳统一、刚柔统一。这种统一不强调部分与部分或部分与整体之间的统一，而强调你中有我、我中有你的交感统一。

由于受儒家"和"美学观的影响，中华美学的概念更多的是功能性的，而不是特质性的。而西方一直在思索寻找各门艺术自身的特质，如绘画、雕塑、音乐等各个艺术门类均有较明晰的界限，中国却从未寻找这种特质，各门艺术都是相关联存在的。如：中国诗歌的韵律美的讲究，使中国诗歌与音乐一直相连；中国古代的文人画提倡画中有诗，诗中有画；中国画线条艺术与书法艺术直接相关；诗歌也与舞蹈、戏剧、雕塑、建筑等相关联。同样，这些艺术门类也与自身以外的其他艺术门类紧密相连。儒家美学十分重视天人合一之美，人与人、人与社会、人与自然都处于一种"美美与共"的和谐、平衡关系中。有了人与自然的和谐，人类才能生存，才有时间去面对社会；有了人与社会的和谐，人类才能更好地生活；有了人与自身的和谐，才能有时间静下心来，面对自己心灵，力求自己内心的和谐。如果把自然比作广阔无垠的天空，把社会比作孕育繁荣的大地，那么我们的心灵就是世间万物，只有"天地物"合一，世界才会和谐，才会充满阳光。因此，"和"是多维的，涉及人与自然中的多种关系，实现"和"需要多方面的关心、参与和责任担当。

2.道家美学思想

道家美学以道为本体，直接从道演绎出美，美是道的体现。因此，道家美学与儒家由礼教出发的经验论不同。而且，道家的道与儒家的道不同，它不是伦理之道，而是天性自然之道。道家认为道法自然，顺乎自然即道。在道家眼中，外在的世界本就是自然独化、鸢飞鱼跃而充满生机的。只有那些只关注眼前利益的人，才会向外界无止境地索取与肆掠，与世间的风景擦肩而过。

道家认为，道在自然天性，故美是自然、适性，可以在此岸通过返璞归真实现。道家从自然之道出发，呈现两方面的主张：一是反主体性，去除人的欲望、意志，而使人成为鸟兽木石，也使人不能役使万物，最后与万物融为一体；二是反文明教化，认为文明教化违反自然，违背天道，致人于伪，所以要去除一切伦理规范，使自然天性得以恢复。

道家美学一方面打破了人与外在世界的主客分际，认为人与万物的产生根源于宇宙天道之中，并通过自身的生命感悟和生命实践最终回归天道，从而与天道一体化，共存共在；另一方面，道家美学也没有对人性结构进行认知、情感和意志的严格区分，而是把生命整体流贯一体。这种美学既不是去追求审美和艺术方面的知识，也不是去满足感性欲望的宣泄，它关注的是生命如何获得理想的存在方式问题。道家美学思想虽然对文明教化有批判，超离世俗之美，但从根本上说不是自由的超越，而是归返自然乌托邦，带有自然主义的倾向。

比如庄子，他致力于个人主体精神的建构，由此提出远离世俗社会的路径。顺其自然是庄子美学的一条重要的存在论原则。他提倡恬淡无为的自然观，最大的特点在于反对虚伪，突出本真。庄子除掉人为和矫饰，让天地万物本真地存在，让人本真地存在，让艺术本真地存在，这样的天地、人、艺术才是最美的，才是最可爱的。庄子在个人生命的澄怀与谦敬里，世界都剔除了其机械与物质的冰冷而显示出宜人的温暖风景。庄子开辟的是自如放达的精神境界、人生境界和艺术境界。这就是庄子赢得后人追慕的最大原因所在，也是他超越于先秦诸子的地方。

道家美学思想对中华美学影响巨大，它与儒家美学思想互补、融合，构成了中华美学思想的主旋律。道家主张的清静无为、超脱尘世的生存方式虽然是消极的，但作为一种思想资源，很容易转化为积极的美学思想。因此，自魏晋南北朝以来，道家思想就向审美意识渗透，成为以儒家为主流的美学思想的重要补充，并且改造了主流美学思想。

3.禅宗美学思想

中华古典美学建构还包括佛教，其中禅宗影响甚著。如果说春秋战国时期的急剧社会变革，造成了诸子百家争鸣的局面，奠定了儒道互补的中国古代文化基础；魏晋时期的战乱与门阀士族阶级的强大，造成玄风蔚然，促使人的觉醒、文的自觉与美的独立；那么佛教在频繁战乱的南北朝时期广泛传播，历经隋唐，达到极盛，并产生出中国化的禅宗教派。

佛教是外来宗教，它否定世俗生活，以世俗生活为苦，主张通过禁欲修行，超度世人于苦海，达到彼岸的极乐世界。它认为诸色为空，艺术、美都是幻象，因此佛教从根本上说是反审美的，不可能产生美学理论。但佛教特别是中国化的禅宗对美学有重要影响，是构成中华美学的重要思想资源。首先，佛教突破了中华文化的一个世界观念，在现实世界之外开辟了一个彼岸世界，那就是一个超脱凡俗的极乐世界。现实世界为苦的世界，诸色为空，只有超越凡尘，才能渡过苦海，达到极乐世界。这一学说打破了实用理性文化，为中国人的精神世界开辟了超越的维度，为领会审美的超越性提供了哲学思想的启迪。其次，佛教给中华美学提供了逻辑工具。由于中国哲学的逻辑学不发达，实用理性思维妨碍着中国哲学、美学理论体系的建构。佛教传入之后，因明学随之传入，影响着中国哲学、美学的建构，使其摆脱了感悟性、经验性的形态，而走向逻辑化。比如刘勰曾经长住寺庙，协助整理佛教文献，熟悉佛典，因而掌握因明学。他撰写《文心雕龙》时就运用了逻辑工具，从而使该书具有了前所未有的逻辑性，初步建立了一个文论体系。再次，佛教为审美本质的发现提供了方法论，以禅宗的"顿悟说"启迪了严羽的"妙悟说"，推进了人们对审美心理学的研究，基本完成了从对外在美的特质的考察到内在美的心理结构研究的转折，有力地推动了人们对文艺与审美所需要的心理特质的研究。

总之，在中华古典美学中，儒家中心的伦理，其礼仪形式感凝聚着历史悠久的审美蕴涵；道家超脱的生存态度使其具有更为突出的审美意味；释家精致的意识结构为儒道提供了审美意识分析的架构、术语与逻辑，其中国化成果代表禅宗的禅意生活方式，则融入儒道传统的中国人日常生活，成为内在的审美气质。

（二）近代中华美学

最先出现的现代美学家是王国维、蔡元培和梁启超。王国维不仅接受和传播了西方近现代美学思想，而且进行了中华美学与西方美学的最初对话。他接受了叔本华的悲观意志哲学和美学思想，认为意志导致人生的痛苦，而审美可以解脱意志的桎梏，从而摆脱人生的痛苦。他用这种美学思想来阐释《红楼梦》和屈原，深化了对中华典籍的研究。他还试图融合中西美学思想，如把古典美学的"境界"概念现代化，这也是中国本土美学远超出学科知识介绍的深度开端。

曾任教育总长与北京大学校长的蔡元培吸收了康德、席勒的美学思想，认为审美是从感性到理性，从现象到本体的过渡，因此可以进行审美教育，以使人得到健全发展。针对此，他提出"以美育代宗教"的思想。他在大学设置美学课程并倡导审美教育，成为中国美学教育制度建设的近代奠基人。可以说，蔡元培的美学思想是争取现代性的启蒙主义。

梁启超在文艺领域争取现代性，发动诗界革命、小说界革命和文界革命，意在建立新文体，传播新思想，达到新民的目的。

20世纪上半叶，朱光潜与宗白华是结合中国文化推广近现代美学的代表。就社会影响与持续跨度而言，朱光潜成为"美学在中国"的代表。就立足中国传统思想创造性建设中国美学而言，宗白华对于与世界美学深度对话的未来中国美学更有代表意义。

20世纪50年代以来，美学出现了三次热潮。第一次是从二十世纪五六十年代初的"美学大讨论"。这场讨论的目的，是在中国建立与新生的社会主义制度相适应的马克思主义美学，参加讨论的美学家们都努力以马克思主义为指导，研究关于"美"的哲学，将"美"和"美感"的问题放在辩证唯物主义和历史唯物主义的哲学体系中来研究。

第二次是从1978年到20世纪80年代，历史上将这次热潮称为"美学热"。这次热潮的特点是引导中国走出"文化大革命"期间的文艺理论体系，解放思想，进而在改革开放的大潮中引进国外的美学研究成果。在这次热潮中，随着美学这一学科的发展，人们开始对该学科进行历史回溯，关注中华古典美学。

第三次是发端于20世纪90年代末，在21世纪初逐渐升温的"美学的复兴"。由于在20世纪80年代"美学热"之后，在90年代初曾经有过一段时间美学学科的消沉，经济大潮对美学乃至整个人文学科的研究构成冲击。21世纪美学学科的重新兴盛，并非这个学科内容的简单回归，而是在新背景下学科内容的全面更新。

（三）当代中华美学

中华美学与西方美学的重要区别在于，西方美学深受古希腊以来理性主义传统的影响，以美为真理的对象，注重冷静、思辨、科学的认识论方法。中华美学则传承了自先秦老、孔、庄以来的大人文哲学传统，具有突出的人生论精神，主要体现为审美艺术人生相统一的宏阔人生审美视野、真善美相贯通的深沉人生审美情怀、物我有无出入相交融的高逸人生审美境界。

当代中华美学呈现出超越上述中国主流美学的多元化趋势，而基于全球化与民族精神、立足中国古典美学思想，重建"中国美学"已成为重要动向，最重要的就是从中华美学传统中撷取有价值的思想资源，以中华美学的某种基本概念如意象、境界、感兴等为核心，进行中西美学的对话，完成现代转换，建立中国式的现代美学体系。

习近平总书记在文艺工作座谈会上的重要讲话深刻指出："要结合新的时代条件传承和弘扬中华优秀传统文化，传承和弘扬中华美学精神"，首次提出的"中华美学精神"，是中国美学乃全人类文化史上一个全新的概念，它所概括的是一种新的美学结构体系和新的审美文化观念。习近平总书记具体论述了中华美学精神的具体表现，并将其凝缩于这样的阐述中："中华美学讲求托物言志、寓理于情，讲求言简意赅、凝练节制，讲求形神兼备、意境深远，强调知、情、意、行相统一。我们要坚守中华文化立场、传承中华文化基因，展现中华审美风范。"[①]可以看出，习近平总书记连续用了三个"讲求"来提炼中华美学精神的核心内容，这三个"讲求"是对中华美学思想系统中的许多美学命题进行概括升华以后所提出的新的重要命题。

目前，学者们正从不同角度和层面对中华美学精神的内涵、特质进行分析、阐述，并结合我国当代文化发展的实际情况研究其实践价值与弘扬路径。总之，中华美学精神

---

① 中央宣传部.习近平总书记在文艺工作座谈会上的重要讲话学习读本[M].学习出版社，2015.29.

孕育于中华民族深厚的文化土壤之中，是中华民族精神、时代精神及核心价值追求在审美方面的体现。中华美学的传承和弘扬不仅能助力我国文艺精品的创作、提升我国文化软实力、增强文化自信，而且对我国美育建设具有深层的指导和启发意义。

三、西方美学

（一）西方古典美学

西方美学从古希腊开始，从三个角度进行理论化的思考：一是形式美，肇始于毕达哥拉斯把宇宙的本质归结为数。他认为：一切事物有美，在于数的规律，就是比例。二是艺术美，亚里士多德的诗学把数的规律引入到诗、画、乐，呈现了美在具体艺术中的模仿原则，呈现了一个艺术美的基本结构，而三种艺术又细分为三种摹仿模式。三是美的本质。柏拉图在《大希庇阿斯》中对美的思考，具有更大的普遍性，他认为在这些不同的美的事物的后面，一定有一种让它们可以被称为美的东西，用他的话来讲，就是美本身，用后来的话讲，就是美的本质，使得柏拉图为美学研究提供了一个基本模式：只有从具体的美进入到美的本质，才算达到了对美的理论理解；只有从美的本质到具体的美，才算知道了整个美学体系。可以说，从美到美的本质，是西方美学的第一次主潮。

（二）西方近代美学

如果说，古典美学是泛化的美，什么都可以为美，那么，近代的美则是一种精确的美，只有本质地拥有美才可称之为美。美学作为学科的正式建立是在近代，其标志就是对美感进行科学的界定。鲍姆嘉通是在18世纪近代学科分化独立的时代背景下提出问题的，这具有深刻的时代必然性和代表性。正是在对美的精确界定上，美学作为一个学科建立了起来。那怎样确定什么是美呢？英、法、德的学者各自贡献了自己的智慧。英国人从与审美主体紧密相关的趣味概念上，法国人从与审美客体紧密相关的艺术概念上，而德国人则从理论的整体性给美学在学术体系中安放了严格的位置，康德的《判断力批判》将主体的认知、意志、情感与哲学上的认识论、伦理学和美学三分鼎立，力求辨析审美与人类其他基本活动（认识、意志）联系中的区别，以突出审美的独特本质。与以认知及欲望为核心的现实生活相区别，审美无利害及艺术自律成为康德所奠基的近现代美学的范型。这一范型一方面使审美与艺术独立于生活内容而突出形式美特征；另一方面，从本体价值高扬审美与艺术批判并指导生活的地位。此后美学成为哲学不可缺少的一个基本组成部分，德国古典美学从此成为美学的传统范型。

（三）现代西方美学

现代西方美学从两个方面发展了美学：一是从美感的角度，人在日常世界之中，如何让日常对象成为审美对象；二是从艺术的角度，人面对艺术作品之时，如何让艺术作品成为审美对象。

从第一个方面，产生了审美心理学诸多流派。19世纪末，费希纳提出以"自下而上"的心理学经验美学模式，取代"自上而下"的哲学美学形而上学思辨。这一模式产生出"移情说""内模仿说""心理距离说"、格式塔知觉完形美学、潜意识精神分析美学等一系列审美经验理论。这些立足于审美经验的中小型理论放弃了宏大的哲学美学，更侧重生理与心理经验实证，成为特定角度的具体美学解释方法。

从第二个方面，人们怎样才能在艺术作品中感受到美呢？也就是，艺术作品是怎样真正成为审美对象的呢？这里，欧陆美学以现象学美学为代表，与英语美学以分析美学为代表由各自的逻辑进路，采用了不同的方式。现象学美学面对的是艺术作品本身，指的就是面对艺术作品里的审美对象，并在面对审美对象的同时，让人的本质中的审美方面得以呈现。而分析美学，它对美学的概念术语进行了逻辑与经验相结合的分析审查，由此推进了美学学科的科学化与精确化。但是，分析美学忽视了美学的人文学科性质，其科学主义片面性不仅舍弃美学核心原理的审美本质，而且以语言分析附缀艺术学的模式，既混同于艺术学，又狭隘地压缩了审美经验，从而将美学引向形式主义。

（四）后现代西方美学

从美感和艺术主潮到审美对象的主潮的演进，看到的是西方从近代美学到现代美学演进的主流。其实从19世纪末20世纪初开始，西方美学就有另一股潮流，表现为对近代美学关于美感和艺术的双重反叛。从总体上看，可以把这一潮流的演进分为三步。第一步是美国的自然主义——实用主义美学，对美感和艺术的自然化和生活化。杜威的《艺术即经验》里，把美感的泛化推进到艺术领域，艺术不是与生活经验距离起来、区别开来的结果，而正是来自日常生活经验。第二步是在现代社会的演进中，生活与艺术相互靠拢，走向对方。从本质上抹去了艺术品和生活用品之间的物理界线，正是这点，让人重新去思考艺术与生活的关系，思考艺术的美学原则，挑战和颠覆近代美学关于美感和艺术的定义，也提出了各具特色的日常生活审美化的理论。第三步是对传统美学的全面反思和深度思考。美学从语言学分析转向广泛的文化联系，扬弃分析美学的形式主义，返回生活实践已成大势。在生活美学、身体美学和生态美学这三大最新美学潮流里，都对近代美学关于美感和艺术的定义进行了根本性的否定。

这三种美学思想的转变，代表的是西方的思维方式的转变。西方思想的演进，从以柏拉图和亚里士多德为代表的古代，到康德和黑格尔为代表的近代，到卡尔纳普、胡塞尔、弗洛伊德、列维—斯特劳斯为代表的现代，都是区分型思维，而到后期以维特根斯坦、德里达、福柯、加达默尔为代表的后现代思想，则转到了关联型思维。西方思维在进入近代以来，在与各非西方思维几百年的互动中，在后现代时期，从区分型思维转到了关联型思维，三大美学流派与后现代思想同步转向，成为世界美学的大事与趋势。

四、马克思主义美学

马克思主义美学基于辩证唯物主义与历史唯物主义立场认为，美是社会实践的结晶。就其本质而言，美并不是事物的某种与人无关的自然属性，也不是意识、精神的虚幻投影，而是事物的一种客观的社会价值或社会属性。美与人是分不开的，人类是把劳动本身作为美的对象来认识的。人类的美感是由人对自己所取得的劳动成果的欣赏而来的，可以说劳动创造了人类的感觉、感情和思想，人类又以自己特有的感情和思想为基础而对美进行创造和追求。所以，美是在人类改造世界的实践活动中，在被改造的世界中形象地显示出来的人的本质力量、才智和理想。也就是说，要从事物对人、对社会的意义上理解美，事物的美是它对人生意义和实践相联系而被肯定的。具体讲，美必须是真善美的统一，美是形式，真和善是内容。如果只徒有美的形式，而没有美的内容，那么无论形式多美，都不能称其为美。

恩格斯说："美是人的本质力量的对象化。"我们认为马克思主义美学的特点包括：首先，马克思主义美学基于生产、生活的现实审美眼光，远比囿于艺术对象的艺术哲学有根底。马克思主义审美与艺术分析以历史哲学的深度见长。其次，以普列汉诺夫为代表的艺术起源于劳动的马克思主义艺术社会学与人类学，超出了艺术起源于自然环境的法国理论。以劳动为核心的审美社会起源论，成为马克思主义美学传入中国最早的理论。最后,"经济基础—上层建筑"的社会结构揭示了审美与艺术的社会属性位置及功能。

马克思和恩格斯的美学观点集中体现于以下著作:马克思、恩格斯合著《德意志意识形态》,马克思《1844年经济学哲学手稿》《关于费尔巴哈的提纲》《资本论》第一卷第三篇第五章"劳动过程"一节、《1857—1858年经济学手稿》等,恩格斯《劳动在从猿到人转变过程中的作用》等。此外,中国社会科学出版社出版的《马克思恩格斯论艺术》(1982—1985年版)是马克思与恩格斯美学及文艺理论思想有深度的代表性选本。

第三节 审美与教育

鲍姆嘉通提出的用"Aesthetica"来命名他所创立的新学科,并以此作为他相关著作的书名。后来在英文中通用的词是"Aesthetic",现在通常译为"美学",而"审美"是其另一译法。但是,审美又有新的含义。美学强调学科性,而审美则更关注心理处于活跃状态的主体,在一定的中介作用条件下,对于客体的美的观照、感悟与判断。

一、审美的本质

审美的本质是美学关于审美活动的起源以及审美对象与审美主体分化后对立统一关系的理解,审美活动抽象为形式美,并在人类不同领域形成社会美、自然美与艺术美,审美活动类型化为崇高、悲剧、喜剧、优美等范畴。美学原理各个部分都应有内在而且统一连贯的根据,这个根据就是审美的本质。

西方思想史中关于审美的本质的论述,以柏拉图的审美本质求索自始,即指向目的论最高价值的"善",而并非纯认识论的表象抽象。因而,更为根本的并非表述审美本质的方式,而是是否还有能力追求审美经验所指向的更高理想境界。中国思想史中关于审美本质的论述,尽管流派众多,目光却一致投向作为审美本质的"美本身",而非审美表象。尽管其关键词并非抽象概念,而恰恰是熔铸审美表象的本质性术语。这些不同角度的形象表述,从"道""气""象""味"到"意象""意境""风骨""气韵",可以视为"情景交融"的系列"意象"。"意象"及其各有侧重的主客融合审美范畴，呈现了中国文化视野中的审美本质及其特性。

马克思将审美的本质归结于自由的劳动。自由的劳动是人性自我肯定的方式，认为劳动改造世界是人的自由能动本质的对象化，因而人的自由本质必须依托于劳动。与此同时，人首先是通过物质生产活动对象化自身，从而有"现实地使自己二重化"与意识中"在精神上使自己二重化"两种直观自由的形态。这一劳动为基础的人类生活普遍而必然的审美性质由此揭示。这也是日常生活审美化与艺术生活化，以及区别于意识哲学的经验美学等诸种当代美学趋势的基础根据。"按照美的规律来构造"将劳动定向于超越动物性活动的自由方向中，体现人的本质的自由劳动，是作为与动物式劳动相区别的人类劳动。"美的规律"——"自由劳动"——"人的本质"三个概念三位一体。"自由劳动"是对以动物式活动为原型的现实谋生劳动的超越。

二、审美对象

审美对象是具有审美价值的对象，但审美对象本身只具有审美价值的潜能，只有通过主体经由物态人情化、人情物态化的审美体验，才能创构出审美意象，从而完成审美活动的过程。纷繁复杂、多姿多彩的审美对象，主要包括了自然对象、人生对象、艺术对象和科技对象四个方面。

（一）自然

审美意义上的自然，一是自然界，相对于人类社会和创造物如艺术等；二是自然而然，不假人为，区别于人工制作。这里的所谓自然对象，是指自然山水经过主体心灵的陶冶，由感官的欣悦和情感所创构的物我浑然为一的心灵自由的形式。作为美的一种形态，自然物象是人类通过长期的社会实践，在与对象的关系中逐步地形成了审美尺度后才存在的，是符合于审美尺度的客体对象。当主体将自然对象作为一种精神对象，从中获得生命和人生的会心颖悟时，便与对象在心中达成了审美关系，自然景致便在主体心中成就了具有独特风貌的审美境界。

（二）人生

审美意义上的人生，一方面指主体以自然的感性生命为基础，又不滞于感性生命，由自觉意识和内省体验而达到与宇宙精神合一的体道境界；另一方面，主体还以人的社会特质为基础，又不滞于人的社会特质，从心灵中获得精神自由的境界。这种体道境界与精神自由境界在审美的思维方式上的贯通合一，即审美的人生境界。人生因其自然风采而具有自然魅力，而且其个性与社会性统一特征的感性风采也同样具有审美价值。更为根本的是，人生作为一道风景，不仅具有审美价值，而且整个审美活动，最终的目的也是成就人生。包含着真和善的审美人生，是人生的最高境界，反映了智与德的高度完备，并通过个体的修养推广到整个社会，这是现实的人生所追求的最高境界。

（三）艺术

艺术在人类的发展历程中，满足了人类的感性要求。艺术活动是平息和宣泄各种复杂情感的理想途径。在人类发展的漫长历程中，人们在自己生存的环境里，通过自己的眼光，去贴近自然、拥抱自然，在大自然中找到了无限的乐趣；也是通过这种眼光，人们把宇宙看成像人自身一样，是一个有机的整体，并且以人为中心，将人和自然也看成一个有机的整体，一个充盈着人类无限情趣的整体。主体的审美趣味、审美理想的形成和发展正是仰仗于艺术这一理想的审美对象，它不但体现了主体的最高理想，而且成为审美理想传承的重要物态媒介，甚至是整个人的有机延伸。正因如此，人们将艺术看成审美最重要的研究对象，有些学者甚至将其看成审美理论研究的唯一对象。

（四）科技

随着生产力的不断提升，人类的科学技术活动在20世纪取得了飞速的发展，获得了极其辉煌的成就。相对论、量子力学的创立，在科学技术领域引发了一场革命。以信息技术、能源技术、航空航天技术、生物技术、激光技术、纳米技术和基因工程、网络工程等为代表的高新技术的崛起，给人类的思维方式和生活方式带来了深刻的变化，人类正在享受着科学技术带来的越来越多的物质文明与精神成果，而且这些原本属于实用功能范畴的实践活动及其成果，也越来越具有审美对象的性质。人们也越来越重视对科学研究和技术生产活动进行审美的关照，并从中获得一种有别于自然审美、人生审美、艺术审美的审美愉悦和享受。例如北京冬奥会开幕式，科技美因科学技术的存在和发展应运而生，并逐渐成为人类审美活动的重要内容，成为一种集理智、技能、情感、形式于一体的审美对象，并以其崭新的姿态和独特的风采显示出不凡的审美品格与审美价值。

三、审美主体

审美主体,是审美活动系统的基本构成因素。从宏观构成看,审美主体有三个基本的层次:各个个体、各种群体和人类整体。

作为个体的审美主体,尽管在生命节律系统和审美意识系统的构成上都是一样的,但彼此之间却存在多种多样的个体差别。特别是后天生活环境和生活方式的差别,造成输入的能量、接收的信息等方面的差别,这一切都必然影响到生命节律活动的强度和方式,个体的差异也就越来越大了。之后由于各自的社会实践、知识修养、生活习惯等方面的差别,审美的需要、能力和理想都会发生巨大的变化。以高级神经活动类型为基础个性的一个重要方面即气质的差别,就体现出这种分化。这种气质的差别,对审美兴趣的影响十分直接而强烈。外倾型的人更热衷于运动型的审美活动,要求全身心地积极参与,兴趣重心也易于转移;而内倾型的人则更愿意陶醉于知觉观照型的审美活动中,满足于心灵世界的遨游,并容易形成较固定的审美心理定势。像这种个体审美倾向差别,多半是无可争辩的。但还有一些差别,是由于哲学、政治、经济、道德、宗教等方面的社会意识分歧造成的,体现的是不同的社会价值观念。这类差别,涉及真假、善恶、美丑等基本是非之争,需要高度重视,否则不利于积极引导较低水平的审美意识向较高的水平发展,更不利于纠正和改造那些错误和庸俗的审美意识。

作为群体的审美主体,是由于某些共同的自然和社会的生活条件而密切联系的若干个体组合成的。群体的划分可以是多种多样的。一个群体,由于生活条件和生命活动方式上的共同性和相互交往,必然给每个成员的意识、心理以至生理节律系统打上该群体的鲜明烙印,从而形成审美需要、能力和理想上的某些共同性。通常主要从民族、时代和阶级三个维度来考察审美主体和群体特征。任何一个群体同个体一样,其审美意识都是具体的,其民族性、时代性和阶级性等特殊属性,是互相渗透和交织的。把这些属性综合起来,乃是在具体的时空中辩证地考察一定群体的审美意识的重要原则。

作为人类整体的审美主体,是由世世代代、千差万别的个体组成的,是在不同民族、时代和阶级的群体中存在着的,没有离开这些群体和个体而孤立存在的人类整体,也没有完全与整体相脱离的群体与个体。在每一个个体身上,既包含着"类"的普遍性和一定群体的特殊性,又具有自身个别的差异性。社会主义使人类进入了自觉地改造世界的新时代,人类也应自觉地处理好审美主体系统不同层次的辩证关系。我们应当允许并充分保证审美自由的广阔天地,使每一个个体既能在审美中体验自己生命存在的自由，又能使更多个体超越群体的规范，实现审美意识的突破。

四、审美范畴

审美范畴是在审美本质理论的指导和规定下，对审美现象的一种类型化概括。依据人的本质对象化纵向运动所呈现的不同状态，区分出不同范畴审美类型。目前也有一些论著称审美范畴为审美风格，反映审美欣赏者和艺术创作者的趣尚和气质，其特定趣尚受时代和地域因素的影响，以及欣赏者和艺术创作者的个性气质和独特趣味的影响。

（一）肯定性审美范畴

1.优美

优美是最普通的审美范畴，它联结的审美意象是最常见、最普遍的，不仅在艺术美、自然美中如此，在社会美中也是如此。这就是说，优美与日常生活有紧密的联系，它体现了人们最普遍的审美理想。因此，优美几乎成为审美范畴的代表。当我们说"美"时，通常就是说"优美"，以致会产生这样的误解，认为美学是研究美（优美）的。康德认为优美是一种生命的和谐放松状态，席勒进一步从感性冲动与形式冲动的关系中探讨优美，认为二者的和谐关系产生"融合性的美"，而紧张关系产生一种"振奋性的美"，前者指的是优美，后者指的是崇高。

什么样的审美对象可以被称作优美呢？首先，它必须具备柔和、秀雅、和谐的形式特征，如风和日丽的自然风光、柔和的色彩、小巧精致的工艺品、和谐动听的音乐、具有柔和线条和秀雅容貌的女性等。反之，如果是粗犷、巨大、尖锐、冲突的形式，就不可能成为优美的审美对象。其次，它必须产生可爱、可亲近的情感反应。优美的审美对象必须很容易被接受，具有可亲近性，使人产生一种喜爱、迷恋、欣赏、心旷神怡的审美愉悦感；如果相反，不容易亲近，产生压抑感、紧张感，就不会是优美的审美对象。

优美的原型就是原始和谐范畴。原始人类把世界当作有生命、有魔力的对象，并区分为和善的精灵与凶恶的魔鬼；那些对人亲善、令人喜爱的对象就是和善的精灵。这些原始意象包括自然对象，如星星、月亮、小动物、花草、小溪等，也包括一些社会生活现象，如女人、孩童、一些小巧的工艺品（有巫术意义）等。优美继承了和谐原始范畴的心理能量和某些特征，如形式的小巧、柔和以及亲近、和谐感等，同时也把它的原始巫术意义升华为审美意义。

优美作为审美形态,其现实意义和现实对象的基础就是和善的伦理范畴和现实对象。一般来说,被看作优美的事物,首先必须在现实中是和善的事物,只有与人无害甚至有益的事物才能成为优美的对象;而那些与人有害的事物则不能成为优美的对象,因为它不会产生肯定性的审美态度,也不会产生肯定性的审美意象。

优美范畴体现了这样一种审美意义,即生活应该是美好的,人与世界应该是和谐的,这是生存的真正价值。优美也体现了这样一种人生态度,即以亲和的态度看待自然和社会,世界成为与我们亲近的世界。优美还体现了这样一种生存意义,即超越狭隘功利的态度,追求和谐美好的人生。

2. 崇高

崇高与优美是最早出现的审美范畴,也是两类最常见的审美形态,所以古典美学把美和崇高并称,共同作为美学研究的对象。这可能是因为自然和人类社会都存在着两种明显不同的审美对象:自然对象中有和顺的也有暴烈的,社会对象中也有可爱的与可敬的,这两种不同的对象一旦成为审美对象,就分别构成优美和崇高的审美形态,也产生了相应的审美范畴。古希腊的毕达哥拉斯把音乐划分为具有男性阳刚之气的、粗犷尚武的与具有女性阴柔之气的、轻婉甜美的两类,这是对崇高与优美两类审美对象的初步认识。中国美学以阴阳观念阐释优美和崇高,早就有阴柔之美与阳刚之美、秀美与壮美的区分。孟子较早区分了"美"与"大":"充实之谓美,充实而有光辉之谓大。"这里的美与大就是指秀美与壮美,孟子认为美和大都是充实人格的表现,但大更有光辉,更有气魄。

崇高的审美特征包括:首先,崇高作为审美对象,其形式特征与优美相对,它突出了审美的力度,一般具有磅礴的气势、令人震撼的气魄等特征,如自然界的高山大海、狂风暴雨,社会生活中的伟大的英雄、伟大的历史性事件等。其次,崇高是一种无限崇敬、无限感动的情感,是一种超常的心灵震撼。崇高感与优美感明显不同,后者是一种和谐、平和的感受,而在前者中审美主体完全被审美对象震慑,继而与审美对象融合,从而产生了伟大的自豪感。中国古典美学强调崇高(壮美)的和谐性质,认为崇高是主体与对象之间的互相感应,不是对象压迫主体、主体反抗对象,而是二者互相感应,达到人与世界的充分一体化,这是中国古代美学"天人合一"世界观的体现。西方近代美学强调崇高包含的对立冲突性质,它是在强大的异己对象的压迫下的一种抗争而产生的自我肯定的情感,中西两种崇高范畴的差异,体现了不同的文化体系和历史条件对美学的影响。虽然有这种差异,但崇高往往与伟大的人格联系在一起,崇高的审美对象是伟大人格的象征,这一点是中西方共同的。

崇高的原型是原始崇拜范畴。原始人类在巫术观念的支配下，不理解自己面对的世界，把自然和社会现象看作伟大的神灵显现，对之顶礼膜拜。在神话传说中，原始人把自己的祖先和神灵看作有巨大的形体和无穷的力量的超人格。例如，中国古代神话就描写了盘古开天辟地、后羿射日等英雄形象。这种原始崇拜中，原始人也与崇高的对象世界同一，产生了强烈的自豪感，获得了伟大的力量，成为一种自我肯定的方式，并且获得了对原始生存意义的领悟。在原始社会解体后，原始崇拜范畴以及它所凝结的原始意象沉入无意识领域，并在审美活动中升华为崇高这一审美范畴和审美形态，它的原始巫术意义也就升华为审美意义。

崇高作为审美范畴具有现实意义基础，这就是作为道德评价的伟大、高尚。崇高作为审美范畴，体现了生存意义的某一本质方面，即生存应该是伟大、高尚的，它拒绝庸俗和堕落，向着神圣的境界超越。虽然崇高范畴具有理性的基础，打上了古典时代的烙印，但它已经成为永恒的生存体验和生存意义，引导我们超越平庸的人生，追求无限的境界。

3.喜剧

喜剧在欧洲古代是一种民间戏剧形式，与作为宫廷戏剧的悲剧分别属于不同的社会文化形态，前者为大众通俗艺术，后者为上层高雅艺术。这种区别决定了悲剧的理性倾向和喜剧的非理性倾向。美学史上，当作为审美范畴的喜剧还没有形成时，喜剧仅仅是一种艺术类型和审美形态，因此早期理论家往往是对喜剧艺术下定义，而不是对喜剧范畴下定义。到了近代，喜剧才从具体的艺术形态中抽象出来，开始向美学范畴过渡，美学家也开始从喜剧所揭示的审美意义上进行考察。

喜剧的审美特征包括：首先，喜剧具有不和谐的、悖谬的形式特征。它以内容与形式的不和谐以及表面与实质的悖谬，产生滑稽可笑的效果。喜剧主人公往往表面上是正面的，冠冕堂皇、强大无比，而实质上是反面的，不堪一击；或者表面上是一本正经的，而实质上是非常庸俗的。其次，喜剧使用了夸张的艺术手法，对主人公的缺陷和悖谬的行为加以极度夸大，从而产生了一种滑稽可笑的效果。最后，喜剧以笑为特征，笑既是一种讽刺、批判，又是一种欢乐、肯定。无论是讽刺性的笑，还是幽默性的笑，都体现了一种轻松、解脱的心态。

喜剧的原型是原始狂欢范畴。在原始巫术活动中，为了表达对神灵的感激之情，常常举行一种与神同乐的仪式。在这种仪式中，人们可以纵情欢笑，并且往往进行模仿性的表演，夸张地模拟战胜敌人或凶神恶煞的情景，尽情嘲弄、丑化敌人。

喜剧的现实基础和现实内容，就是人们对生活的乐观和信心。喜剧有两种形式：一是讽刺，一是诙谐或幽默。讽刺是对丑恶势力的揭露和嘲笑，它体现了对正义的肯定和信任。那些自诩为强大、正义的丑恶势力一旦被揭穿，就暴露出其虚弱、反动的真面目，产生了可笑的效果。幽默是一种轻度的讽刺，它常常是对人类自身的缺点进行的一种善意的揶揄，实际上是对人的弱点的宽容和对人的善良本性的肯定。比如《红楼梦》中"刘姥姥进大观园"一节，对刘姥姥的土气进行了善意的嘲讽，这种嘲讽却肯定了刘姥姥的善良品质和朴实、开朗的性格。

喜剧的笑本身就表明了一种优越感，一种超脱的态度。在现实中，虽然喜剧是讽刺和批判，但它通过欢笑肯定了生存的意义。它告诉我们：人性应该是善良的，人生应当是欢乐的。而这种善良和欢乐意味着对现实的超越和对理性压抑的解脱。

（二）否定性审美范畴

1. 丑陋

丑陋与优美相对应，它也是一种审美形态和审美范畴。长期以来，人们都把丑陋排除在审美形态之外，也没有把丑陋作为审美范畴来研究，丑陋主要是作为美的陪衬存在的。在古代社会，人们往往把丑与恶混淆在一起，因此丑陋就不能成为审美对象。在近代，在美学学科正式建立的同时，丑陋也成为美学关注的重要对象。在现代性胜利的进程中，产生了对现代性的反抗，现代理性露出了狰狞的面目，于是审美变成了审丑。浪漫现实主义揭露现代性的阴暗面，批判资本主义带来的贫穷、堕落和不公，因此它展现的是丑陋的世界。如果说浪漫主义和现实主义对丑陋的描写还意在肯定美的话，那么现代主义艺术已经放弃了表现美，而更多地表现丑，比如毕加索恐怖的"格尔尼卡"。自此，丑陋上升为一种重要的审美范畴，成为对生存意义的现代诠释。

丑陋的审美特征呈现为混乱、反常、给人以恶性刺激等形式特征。丑陋的事物与优美的事物相反，自然界的穷山恶水、毒蛇猛兽，社会生活中的坏人坏事，艺术中的反面形象往往都具有丑陋的形式。当然丑陋虽然丑，但它的形式经过特殊组织，成为可欣赏的对象，而不是纯粹的反感。

丑陋的原型是原始恐惧范畴。原始人对敌对的自然、社会力量视为凶神恶煞，因此产生了极度的恐惧感。比如商周时代的青铜礼器上很多铸有令人恐怖的野兽形象，如食人的饕餮形象，就具有"狞厉之美"。这种令人恐怖的形象，正是原始恐怖意象向丑陋审美意象过渡的形式。丑陋也具有现实基础和现实内容，这就是恶。在艺术中的丑的形象一般就是现实中的恶的事物，恶是道德评价，使人产生道德的排斥，而丑陋是审美的评价，使人产生审美的批判。丑陋的审美意义在于，它揭示了现实生活的非人性的一面，即异化世界是异己的、与人对立的、恐怖的和令人厌恶的，是一种负面的生存意义。它指明人生不应当如此，而这就意味着，它肯定了正面的生存意义，即生存应是和谐的、美好的、令人喜爱的。因此，在这种消极绝望后面仍然存在着对自由的渴望。总之，丑陋范畴也是一种生存意义的表达。

丑陋可以与其他审美范畴结合在一起，构成新的审美形态。例如，丑陋可以与优美结合在一起，构成"丑陋之美"的审美意象，如雨果的《巴黎圣母院》中的敲钟人加西莫多的形象，就是外表的丑陋与内心的美好构成的一种奇异的美的形象；中国园林艺术中的怪石、枯树，也是丑中见美。此外，丑陋也可以与崇高结合在一起，构成"丑陋之崇高"的审美意象。丑陋与喜剧也可以结合在一起，构成讽刺性、揶揄性艺术形象，如中国戏剧中的丑角等。

2. 荒诞

荒诞作为审美形态和审美范畴是在现代确立的。古代艺术中由于人与世界的疏离和异化还没有像现代社会那样明显和严重，所以还没有出现荒诞的审美形态，在古代美学中也没有出现荒诞范畴。现代社会异化的发展是荒诞范畴产生的社会基础，而人对异化的认识和反抗是荒诞产生的主观原因。比如在卡夫卡的作品中描写了一个异己、恐怖、神秘的世界，这个世界毫无理性可言，人丧失了主体地位，受到异化世界的摆布而无能为力。而存在主义哲学的出现，强烈地影响了现代艺术，使人们对荒诞范畴有了自觉的认识。存在主义哲学认为，人是被抛到世界上来的，他的存在没有根据，只能由自己进行自由选择，而由于人生的无意义，这种选择的结果必然是荒诞的。存在主义哲学最终为荒诞范畴奠定哲学基础。

荒诞的审美特征包括：首先，具有怪诞的形式。通过抽象、扭曲等变形手法，塑造怪诞的艺术形象，以表现异化的世界。其次，具有象征性。以荒诞派艺术为代表的现代艺术通过隐喻、反讽等手法，表达一种哲学思想，即生存意义的虚无化。最后，荒诞范畴凝聚着特殊的心理感受，它包含着恐怖、无奈、哑然失笑等心理特征。

荒诞的原型是原始自卑范畴。原始人类认为世界有神灵凭附，是神秘而不可认识的，是强大而异己的，人对世界无能为力，只能顶礼膜拜，并产生了一种强烈的自卑感。这实际上反映了现实世界中人的孤立无助的境遇和深层心理渴求。荒诞范畴也有其现实基础和现实内容，这就是现代社会高度的异化以及对异化社会的绝望，对自我孤立无助的无奈。在异化的现实世界，特别是在现代社会，人脱离了宗教神学的统治，回到了世俗生活，主体性成长起来，可以自由地进行选择，但人的这种选择面临一种荒谬的处境，即主体被陌生的异己所支配，而个体的人又不能改变这种状况，于是人就会发现，理性和主体的自由都是虚假的，生存意义也是虚无的，于是产生了荒诞的感受。异化的现实生存是无意义的，人们尊崇的理性也不是最高真理，因为"上帝死了"（尼采语）。荒诞范畴从根本上否定了现存世界。但当我们痛感现实的荒诞的同时，不也是在肯定一种非异化的真实的生存吗？

荒诞范畴也可以与其他审美范畴结合在一起，产生新的审美形态。荒诞与丑陋结合在一起，就变成了"丑陋的荒诞"或"荒诞的丑陋"。与悲剧结合在一起，就变成了"荒诞的悲剧"。

3. 悲剧

悲剧作为一种审美形态或艺术类型在古代社会就已经存在。古代悲剧是关于艺术类型的概念，还没有上升为一种审美范畴。在近代，特别是在古典主义艺术中悲剧有了新的发展，悲剧成为理性的悲剧，不是不可知的命运而是人的感性与理性、个体追求与社会责任之间的冲突造成了悲剧。黑格尔把悲剧从一种艺术类型上升为一种审美范畴。黑格尔认为，悲剧产生于理念的分裂，表现为人的伦理观念与道德理想之间的冲突，因此两方面都有片面性，又都有一定的合理性。

悲剧作为审美形态也具有自己的特征。首先，悲剧表现人的价值的毁灭。人的价值不仅包括生命，还包括精神。如果说古典悲剧往往表现人的生命的毁灭的话，那么现代悲剧则表现人的精神的毁灭。比如老舍《骆驼祥子》中祥子的悲剧，黑暗的社会不仅毁灭了他的生活和爱情，也毁灭了他的精神和人格。其次，悲剧必须带有某种必然性，而不是偶然的悲惨事件。悲剧有必然性才有普遍意义，才能揭示人生的本质。最后，悲剧必须引起悲痛。这种悲痛是出于同情和怜悯，这种感情不仅是对于艺术形象的，也不仅是对于自我的，更是对于全人类的命运的深切关照。因此，不同于廉价的同情和肤浅的悲痛，它是一种生存性体验而获得的审美的同情和悲痛。

悲剧的原型就是原始牺牲范畴。原始人类为了祈求和感谢神灵保佑，必须杀掉自己的亲人作为祭品奉献给神灵，这些祭品往往是部族的酋长或者最美丽的姑娘，因此这种牺牲是令人十分悲痛的。同时，为了部族整体的生存，这种牺牲又是必要的，甚至是光荣的。

悲剧的现实基础和现实内容，就在于现实人生的苦难，而这种苦难来源于人与社会的冲突。悲剧的审美意义在于，现实生存本身带有悲剧性，悲剧正是对生存意义的一种揭示：人类生存从本质上说是个性化的、自由的，因此人追求自我实现、追求自由。但是，在现实中，历史条件又不允许个体自由的实现，于是，人的抗争只能造成悲剧的结局。当然，悲剧并不肯定消极的人生观，它激励人们与不合理的命运抗争，正是在这种悲剧性的抗争中，悲剧才能体验生存的意义。

悲剧范畴可以与其他审美范畴结合，形成新的审美形态。前面已经说过，悲剧与喜剧、崇高、荒诞结合，产生新的审美形态。此外，悲剧还可以与优美结合，产生一种奇异的凄凉之美。

五、审美观与美育

（一）树立正确的审美观

人类的活动是受自己的世界观支配的，而审美观是世界观的重要组成部分。进入新时代，解决人民日益增长的美好生活需要和不平衡不充分的发展之间的矛盾是我国现阶段的主要任务。这一矛盾的转变反映了人民实现美的愿望，丰盈精神世界的呼声越来越高。大学生作为站在时代前沿的群体，其审美需求则更加强烈，但是他们由于缺乏一定社会经验，没有丰富的生活经历，使得他们在心理素质、眼界格局、文化修养等方面存在短板，对生活中的事物辨别能力、分析能力往往不足，缺乏思辨意识。通过对审美活动的引导，帮助他们树立正确、健康的审美观，这是美育的一个重要的作用。

首先，敏锐清晰的审美认知。正确的审美观就是指能分辨美丑，懂得什么是美。具备更为理性的审美判断，能对客观事物特性分析和概括后作出确证和评价，在生活中能有效辨别假、恶、丑这种背离社会主流价值观念和道德规范的负面事物，形成稳定的审美观念，符合社会主义核心价值观，从而激励自身树立高尚情操与优良作风，明确自己的时代使命，并以具体行动肩负时代重托，为实现中华民族伟大复兴贡献自己的青春力量。人们既要能分辨真假、善恶，也要能分辨美丑。

其次，高尚健康的审美情趣。情趣可以说是人们心灵世界的显影。一个人的情趣，可以反映出他对人生和生活的态度，而高尚、健康的审美情趣，能引导人们去发掘、欣赏、创造美，升华人的精神境界，纯洁人的心灵，不仅能使人得到精神享受，而且能使人从中悟出真善美、陶冶人的情操、升华人的思想，推动着人们为美好的生活而同丑恶现象作斗争。每一个新时代的青年都应具有高尚无私、积极进取、健康理智、充满着生机的活力，并对美好未来和理想热烈追求的高尚情趣。

最后，真善美的审美理想。真善美是衡量事物美与丑的标准，凡符合真善美标准的事物就是美的，凡是不符合真善美标准的则是丑的。艺术作品和社会生活的美与丑，都要用真善美的标准来衡量。艺术如果脱离了生活的真实，追求一些离奇古怪的情节，着力表现一些并不高尚的生活情趣，甚至是非不分，善恶颠倒，格调低下，就起不到扬善抑恶、褒美贬丑的社会作用。人的美与丑也要在实践中，在长期交往中才能鉴别出来。美与丑、善与恶在实践中可以检验出来，同时也说明，人的美与丑不只是写在脸上，它还体现在心灵深处。

（二）美育

人类很早就看到了美育与美学有着密切的关系，美学侧重理论，而美育侧重践行。因此，美育既是审美方式的教育活动，又是教育方式的审美活动。美育自古就有，人们很早就在实践中把两者自觉地联系起来了。古代的美育，无论在东方还是在西方，是从属于道德教育的，是进行道德教育的补充手段。而近代的美育，随着科学技术的迅猛发展，它在给人类带来巨大财富和利益的同时，也给人类社会带来了深刻的危机和隐患，使人的全面发展受到遏制，这一时期的美育思想特别是西方美育思想较以往更为丰富、更为深刻，更突出地强调人的全面发展，并寻找着具体的实施办法。

在中国，19世纪末20世纪初沦为半殖民地半封建社会后，一些有识之士为了反对封建专制主义和军阀的腐败政治，纷纷从西方寻求救国的途径，梁启超、王国维、蔡元培等教育家接受了席勒的美育思想，企图从美育中寻求救国、改革社会的途径和方法，成了一股重要的美育思潮。中华人民共和国成立后，经过70多年的发展，我国近现代的美育理论已经具有了相对的独立性。我们不仅认识到了美育与德育、智育、体育、劳动教育的相辅相成的关系，而且更加重视对美育的特殊性质与特殊使命的探索。美育已经与人的全面发展联系起来了。

2018年8月30日，习近平总书记在给中央美术学院老教授的回信中指出："做好美育工作，要坚持立德树人，扎根时代生活，遵循美育特点，弘扬中华美育精神，让祖国青年一代身心都健康成长。"强调了美育对提高学生审美水平、培养审美能力，陶冶高尚情操、塑造美好心灵有着不可替代的重要作用。坚持立德树人，是当代中国美育的宗旨，也是中华美育精神的优良传统。在党和国家的高度重视下，在包括教育界、艺术界和理论界等社会各界的共同努力下，新时代美育工作进入到一个实质性落地、全方位展开的新阶段。

2021年4月19日,习近平总书记在视察清华大学时强调:"美术、艺术、科学、技术相辅相成、相互促进、相得益彰。要发挥美术在服务经济社会发展中的重要作用,把更多美术元素、艺术元素应用到城乡规划建设中,增强城乡审美韵味、文化品位,把美术成果更好服务于人民群众的高品质生活需求。"[1]这是新的历史条件下进一步弘扬中华美育精神、推动优秀中华美育传统创新发展、赋能人民美好生活的重要遵循。我们要继续加强中华美育和中华美育精神的系统研究,深刻把握其特点和规律,弘扬中华美育精神,为提高人民审美素养、陶冶高尚情操、塑造美好心灵、激发创造活力发挥应有的作用。

概言之,哲学与艺术并不是历史长河的两条孤立的支流,它们互相交融,互相辉映。从起源至近代,直至现代,艺术与哲学都在不停地探索与更新。艺术与哲学,血脉相连。面对纷繁的世界,它们从不同的角度诠释着对世界的理解,但却有着必然的共同的主线。哲学著作若缺乏艺术价值也可能不失为纯粹的哲学,艺术作品若缺乏哲学意味就难以给人深邃的启迪。我们可以回顾它光辉的成长历史,也可以沿着前人智慧的足迹继续前行。

📖 课后思考题

1. 如何理解艺术与哲学的关系?
2. 什么是艺术思潮?什么是艺术流派?简述两者之间的关系。
3. 什么是美学?
4. 简述中华美学发展的简要历程。
5. 简述儒家、道家和禅宗美学思想的区别。
6. 如何理解传承和弘扬中华美学精神?
7. 简述西方美学发展的简要历程。
8. 审美的本质是什么?
9. 审美的对象有哪几类?
10. 简述优美与崇高审美范畴的区别。
11. 我们要树立怎样的审美观?
12. 如何理解传承和弘扬中华美育精神?

课后思考题及答案

---

[1] 习近平在清华大学考察时强调:坚持中国特色世界一流大学建设目标方向为服务国家富强民族复兴 人民幸福贡献力量.人民日报.2021-04-20,第1版。

第六章

艺术·人生

　　艺术和人生不是偶然地交织。人生如一片浩瀚的海，人生如一支高亢的歌，人生如一幕悲壮的剧。艺术源于人类的天性，艺术为人生而存在，生命因艺术而灿烂，它是人生哲理的形象表达。艺术工作者作为艺术创作的主体，应当具有良好的素养，同时把艺术作为终身奋斗的事业，让艺术熏陶人生。世界有了美，人生才有了情趣，生活才有了意义，精神才有了家园，大地和宇宙才充满无限生机和无边激情。

本章思维导图

第一节　创作与素养

不同的人创造不同的人生，创造各自的生命奇迹。然而，不同的人生却有着共同的追求，这就是对美和艺术的追求。艺术工作者作为艺术创作的主体，作为人类审美活动的体验者和实践者，他们通常具有独立人格和丰富感情，富有创造力，具备良好的素养。康德断言："美创造了人。"确实，美为人而存在，人以美为理想。对美的情趣的体验，对美的境界的追求，最能体现人生意义和人生理想。

一、艺术创作

优秀的艺术家都十分重视在平时的生活实践中积累对生活的审美体验，在体验中保持自己对生活印象的鲜活生动的原生形态。无论是哪一艺术门类的艺术家，都需要在日常生活中积累生活素材和审美体验，为艺术创作积淀丰厚的审美经验。艺术创作是一个复杂的过程，这一过程可以大致分为艺术体验活动、艺术构思活动和艺术表现活动三个阶段，这三个阶段表现为连续的和不可分割的整体。

（一）艺术体验

艺术体验是艺术创作的准备阶段。它是创造主体在审美经验的基础上，充分调动情感、想象、联想等心理要素，对特定的审美对象进行审视、体味和理解的过程。艺术体验是艺术创作的起始阶段，也是准备阶段。这种准备或酝酿的过程可能是自觉的，也可能是不自觉的，可能时间较短，也可能要相当长的时间。总体上讲，艺术体验可以区分为人生活动审美体验积累和对具体审美对象进行集中审美体验两种。除了平时积累，还需要艺术家在艺术创作的开始阶段进一步有目标地丰富艺术体验，在长期的审美经验基础上，充分调动情感、想象、联想等心理要素，对特定的审美对象进行审视、体味和理解。

艺术体验通常包含三个部分。

第一部分：材料的储备和审美经验的积累。材料的储备是指生活素材的积累。艺术创作的基础是对现实生活的认识和经历，艺术活动不仅起源于社会实践，而且艺术活动的本源也是社会实践。没有一定的生活阅历和生活素材积累，就不可能有成功的艺术创作活动。

伴随着社会实践活动与人生阅历的积累，艺术家不仅认识、熟悉了许多生活现象和事物，积累了许多给他们留下深刻印象的生活画面和事物形象，还积累了对不同事物的审美感受经验。这种审美感受包括通过眼、耳、口、鼻、皮肤等多种感官获得的感受和各种心理感受。

材料的储备和审美经验的积累不仅包括自己的亲身经历、耳闻目睹的生活故事和场景，还包括间接的生活体验，即通过史书、艺术作品等间接了解的古今中外的社会生活素材。因为任何一个艺术家都不可能亲历社会生活的种种，即使是社会阅历非常丰富的人。况且一个人的一生是短暂的，但人类的发展史却是漫长的，其中人类文明史就有几千年，这就需要艺术家从间接的艺术创作及艺术作品中吸取经验、挖掘素材和激发灵感，扩大自己的视野，拓展自己的艺术思路。可以说，没有一位有成就的艺术家是与前人的间接经验完全分割且不相通的；恰好相反，创作上越有成就，对前人和他人（包括古今中外）间接经验的掌握就一定越是丰厚，并且转化为自己的营养、血液和独创的见解，就像将直接经验化成了自己的血液和独到的见解一样。此外，直接经验是深刻理解和把握间接经验的基础，有了一定的直接经验作为基础，就容易深刻而又独到地理解和把握间接经验。两者相辅相成、相得益彰地丰富着艺术家头脑中的积累，提高艺术家的艺术理解力和艺术想象力。

第二部分：审美发现和审美领悟的发生。审美发现是指为了一定的创作目的而进行的集中的艺术体验，以及在审美体验中产生审美发现的过程。在这一过程中，艺术家需要摒除杂念，全身心地投入到审美体验中。第一阶段：直觉感受。刚接触艺术作品时，最直接的感受是被欣赏对象的某种独特鲜明的节奏、旋律、色彩、形象、情节、结构以及强烈的个性、突出的风格所吸引。直觉感受更多的是将具体的感知觉迅速形成一种对整体形式、气韵、风格的把握。我们在聆听贝多芬的《命运交响曲》和阿炳的二胡独奏《二泉映月》时，尽管都是表现了人在命运的打击下顽强抗争、不向任何邪恶的势力低头，不屈不挠地坚持理想，坚持高傲的人格，他们都执着地用音符、旋律、节奏诉说自己的心声，但明显地感受到二者的不同，音乐的样式不同、元素不同、质地不同、组合不同，风格也完全不同。第二阶段：解码建构。解码与建构是这一阶段的两个环节。不同的艺术门类以及不同的艺术家，拥有自己独特的艺术符号，欣赏者需要对不同作品的构成元素、外在形式等进行解码才能把握艺术作品的内涵。总之，传统观念的艺术欣赏，往往侧重对艺术家的了解，对艺术家创作意图的把握，在作品的线条、色彩、节奏、韵律、情节、主题中寻找艺术家留下的蛛丝马迹，如同寻宝人。而现代艺术更注重召唤欣赏者与创作者的合作，艺术家不再作无谓的说明解释，也不再强调对于主观意图的挖掘。第三阶段：体验感悟。所谓体验感悟，是指欣赏者通过形象再建，使艺术形象活在心灵中，并情不自禁地爱其所爱、恨其所恨，将艺术形象化作自己的生命体验。总之，直觉感受、解码建构和体验感悟这三个阶段，是由表及里、由感性到理性、由浅层到深层、由外观到内蕴逐渐发展深化的。在直觉感受阶段，人们更多地欣赏艺术形式及其辐射的魅力。在解码建构阶段，人们通过对媒介符号、元素的解读与整合，把握整体艺术形象，以联想、想象和再创造去建构自己脑海中的形象。在体验感悟阶段，人们侧重以自己的心灵去体会艺术形象的情感色彩，发掘多层次的宝藏，感悟内在的意蕴并得到启迪和升华。需要指出的是，在具体的艺术欣赏活动中，这几个阶段是无法割裂的，因为精神心理活动往往是绵延不断的。

第三部分：创造欲望的萌动及动机的生成。深切的生活体验和丰富的感性积累，不仅为艺术创作奠定了雄厚坚实的基础，而且常常成为艺术家从事艺术创作时内在的心理动力或诱因，成为一种重要的创造动机。艺术家在观察生活、思考生活、体验生活的过程中，必然有大量的所见、所闻、所知、所感，它们在艺术家脑海里积累得越来越多，一旦丰富到呼之欲出的程度，艺术家的创作激情就会喷涌而出，一发而不可收。郑板桥画竹，就是由于他平生酷爱竹子，经常注意观察和体验，尤其是在秋天清晨早早起床到园中观竹，这种独特的审美体验不禁使画家怦然心动，使"眼中之竹"和"胸中之竹"变成了"手中之竹"。尽管艺术家的创作动机多种多样、各不相同，但独特的体验与生活的积累始终是其中的一个重要原因。

（二）艺术构思

艺术构思，是指艺术创作者在艺术体验的基础上，以特定的创作动机为引导，通过各种心理活动和特定的艺术思维方式，对原始素材进行加工、提炼、组合，在头脑中形成艺术意象的过程。艺术意象是艺术创作者的审美情感与客观事物相融合的产物。

艺术构思是一种十分复杂的精神活动，也是一项艰苦的脑力劳动，它是艺术家在深入观察、思考和体验生活的基础上，对生活素材加以选择、加工、提炼、组合的过程，其中融入了艺术家的想象、情感等多种心理因素，形成了主体和客体统一、现象与本质统一、感性与理性统一的艺术意象。如果用一句话来概括，艺术构思活动就是在艺术家头脑中形成主客体统一的审美意象。

艺术意象是艺术家在对客观世界审美感知与体验的基础上，融汇了主观的思想、感情、理想，在艺术家头脑中经过创造性的艺术想象而形成的。艺术构思阶段的主要任务，就在通过想象形成或产生艺术意象。由于想象具有这种创造的能力，使它在艺术创作构思活动中占有核心的地位。艺术家们可以凭借想象，对原有的生活积累进行整合、变形、移情和凝结，创造出源于生活并高于生活的艺术世界，创造出艺术家未曾亲身经历过的事件和未曾亲身接触过的人物，想象为艺术家们开拓了无限广阔的思维空间。

如果说想象是艺术构思的核心，那么情感就是艺术构思的动力。在艺术意象构思活动中，除了想象以外，情感也是一个十分重要的心理因素，贯穿于艺术创造的始终。在艺术构思活动中，尽管有感知、理解、联想、想象等多种心理因素，但它们都是在情感的渗透和影响下发挥作用，只有在艺术家炽烈情感的浇灌下，才能形成审美意象，完成艺术构思。

（三）艺术表现

艺术表现指艺术创作者选择并运用特定的艺术语言，将自己艺术构思中已经基本形成的意象最终呈现为物态的存在，使之成为具体可感的艺术形象或艺术情境。艺术意象的表现，离不开一定的物质材料，如绘画需要纸、笔、墨等，雕塑需要大理石、铜等，才能使审美意象物态化，成为具体可感的艺术品。与此同时，艺术传达活动更离不开一定的艺术媒介或艺术语言，如绘画语言包括色彩、线条等，音乐语言包括节奏、旋律等，电影语言包括画面、声音等。由于各门艺术所采用的物质材料和艺术媒介各不相同，因此，各门艺术的艺术传达方式都有各自不同的特点，有自己特殊的制作方法和表现手法，这使得艺术技巧和手法在艺术传达中具有格外重要的意义。

艺术意象的表现离不开一定的艺术技巧。艺术家之所以为艺术家，除了他们特殊的观察力和想象力之外，还因为他们具有熟练、高超的艺术技巧，能够得心应手地运用一定的物质材料和艺术语言、媒介和方法来完成艺术创作。艺术表现过程不是一个机械转化的过程，不是把意象不折不扣地物态化出来的过程，对意象的表达是一个持续创造的过程，也是一个操作过程，受表现技能、技术手段等各种因素的影响，也受创造活力的影响。在艺术表现的过程中，创作主体的审美倾向逐步明确，艺术语言得到锤炼，艺术意蕴得到升华。

二、艺术素养

艺术创作既然是一种精神产品，在其艺术生命特质上是一个充满生气的、独立自在的世界，那么，艺术创作活动的开拓必然对艺术家主体提出要求，即艺术家所必须具备的能力与素质。

（一）艺术能力

1. 敏锐的感知能力

艺术家必须具备从艺术的视角上敏锐地感知自然与社会生活的能力，敏锐地观察和捕捉艺术创作素材的能力。感知是创作的前提，艺术家总是能在常人所不在意的普通的事物中发现生活与自然的内涵，寻找与生命的契合点，做出对生活、自然和生命的独特思考。这是艺术家特有的职业敏感。艺术家的感知是以自己丰富的审美经验和艺术创作经验，特别是自己深挚的艺术思想、情感为基础的，被观察的客观事物因艺术家主观审美目的、态度、心境和情绪的不同会在艺术家心中产生不同的感知效果。

2. 丰富的想象力

艺术想象是指艺术家在艺术创作过程中，在头脑中对从生活中得来的有关的诸多表象进行分解、重组、连接等加工，把实际上并不在一起的事物从观念上组合在一起，使之成为新的理想化了的艺术意象。艺术想象的特点就在于它的创造性。艺术想象是艺术家进行艺术思维的主要形式，艺术家只有通过创造性的艺术想象，才能进行生动的艺术创造，使生活表象转化为艺术形象，才能塑造典型的艺术形象，创作出艺术意境。创造性想象能力的丰富与否是一个艺术家艺术才华高低的标志，可以说，没有艺术想象就没有艺术创作。艺术家只有将自己强烈的情感和丰富的想象力融入艺术作品中，才能创作出有血有肉、生动感人的艺术形象。

3. 精湛的艺术技巧

艺术家必须具有专门的艺术技能，熟悉并掌握某一具体艺术种类的艺术语言和专业技巧。由于艺术生产是一种特殊的精神生产，它与物质生产也有某些相似之处，这就是通过劳动来创造出产品。对于艺术生产来讲，就是要创造出艺术作品或艺术形象，这就要求艺术家应当具有艺术表现的技巧和艺术传达的能力。没有精湛的艺术技巧和表现才能，也不能最终完成艺术形象的创造。

（二）文化素养

素养，是艺术创作重要的主体条件。除了我们已经谈到的专业技巧之外，还有最容易被艺术家忽视的是文化素养。文化素养所涉及的内容十分广博，包括以下几种。

1.先进的世界观和审美观

世界观是人对整个世界，包括自然现象和社会现象等的基本观点的总和，它包含社会观、伦理观、审美观、人生观、自然观等。人生观就是对人生的基本看法，如人生的目的和意义是什么。审美观是指人在审美活动中所形成的对美、审美和美的创造及其发展所持的基本观点（包括审美标准和审美理想），是世界观的重要组成部分之一。先进的世界观决定着正确的创作目的与创作动机，影响着作品的格调与品位，影响着艺术家的思想水平和艺术创作能力的提高与发展。正确的人生观不仅使艺术家具有忘我的创作激情，而且能够使艺术家与自然、社会和其他社会成员建立和谐的关系，使作品中融进艺术家对人生的透彻、深刻的理解，具有更加感人的艺术意境。同时，世界观和人生观也是树立科学的审美观的基础，促使艺术家确立进步的审美理想。

2.深邃的思想

艺术生产作为一种特殊的精神生产，除了需要艺术家具有广博的知识、一定的艺术才能和技巧外，还需要艺术家具有深刻的思想修养。鲁迅不是哲学家，但他的杂文和小说除了不朽的艺术价值之外，还具有深邃的思想性，在中国现代革命史和思想史上都占有很重要的地位。巴尔扎克不是历史学家和经济学家，但他的《人间喜剧》系列小说中包含着十分丰富的这些方面的内容，因而，恩格斯赞扬说自己从中学到的知识比从当时职业的历史学家和经济学家的著作中所能学到的还多。我们说，优秀的艺术作品都是有意境的。意境是什么？意境就是使人超越具体有限的物象产生的对人生、历史和宇宙的哲理性感悟，是艺术作品中蕴含的形而上的东西，即哲理。艺术家要创作具有意境的优秀作品，就必须具有深邃的思想。

3.广博的知识

浅薄无知的人是成不了艺术家的，真正的艺术品要富有深刻的文化内涵，包括丰富的人类情感、深刻的思想认识、独到的社会发现等。要成为艺术家，首先要在生活和实践中不断地学习、积累各方面的知识，不断丰富自己的知识宝库。有了深厚的知识底蕴，才能在创作中自然显现丰富的内涵。这就像在蕴含丰富优质水资源的土壤上，往往呈现树木繁茂、欣欣向荣的景象，就是没有种植植物，也会在平常的日子里给人不一样的感觉，阳光下地面上会自然呈现水汽折射的光波。知识广博的艺术家在艺术作品和气质方面也会有自然的表现。艺术家的知识修养是多方面的，包括自然科学与社会科学方面的基本知识、所从事的艺术专业知识、与所从事的艺术专业密切相关的学科知识等。

4. 丰富的情感

要成为艺术家，就需要培养对生活和生命的热爱情感，培养健康的生活情趣、对真善美的热爱以及对假恶丑的憎恨，还要培养自尊、自爱、自强、有理想、有道德的健康人格。一个缺乏生活热情、情感淡漠、麻木不仁，对身边的任何事都不关心的人，是不会创作出艺术作品的；一个对任何事都没有立场、人云亦云、毫无独立人格的人是不会有创造性的，也不会成为艺术家。艺术创作是一种精神生产活动，从事这种精神生产的个体需要具备良好的精神境界，包括丰富的情感和思想、对周围世界敏锐的感受、健康的生活情趣、高尚的品格等。

5. 独立的人格

艺术这种精神生产是一种独立性很强的个体活动，即使是在戏剧演出集体创作活动中，创作的个体性也是十分明显的。从本质上说，艺术这种精神活动是相对独立于物质基础和其他意识形态的，它要求艺术家时时刻刻忠实于个人的感情和认识，在艺术创作中传达个人的真情实感，所以艺术家要有率真、诚实、正直、敢爱敢恨的独立人格。

三、美感教育

美感教育就是通过艺术的美感活动和审美方式，来提高人的素质和修养，来转移人的心理气质，改变人的精神面貌，从而达到全面培养人的目的。美感教育的特殊任务，就是通过心理气质和精神面貌的转移，培养出人们独特的风趣和高尚的情操。

中国古代的艺术教育，除了重视艺术技巧方面的培养之外，还非常重视艺术教育之外的美感教育。它不仅要培养艺术家的才能，而且要培养艺术家的心理气质和精神面貌，培养他们的风趣和情操。这也就是《庄子·养生主》"庖丁解牛"的故事中所说的"技进乎道"的问题。中国音乐史上有这样一则故事。伯牙学琴于成连，三年，技术都学到了，但是，成连不满足，他把伯牙送到大海上，让大海的波涛和群岛的悲嚎来转移伯牙的性情，说是"移情"。这"移情"，事实上就是美感教育，就是心理气质和精神面貌的转移。有了这一转移，伯牙的琴艺大进，写出了《水仙操》等名作。中国古代的画家，他们"外师造化，中得心源"，也是一种技术训练之外的美感教育。他们外师造化，就是要朝夕与山川相处，与大自然融为一体，从而不仅能写出山川之形，而且能传出山川之神，写出山川之心。

因此，美感教育不是一句空话，改变人的心理气质和精神面貌也不是一句空话。它们虽然是虚的，但却的的确确在人们的生活中发生作用。不过，人的生活是十分广阔的，人的心灵也是十分广阔的，人的风趣和情操更是丰富多彩、十分广阔和复杂的。为了培养人们高尚的风趣和情操，我们必须遵循美感教育的规律：一不能简单化，而必须多样化；二不能勉强，掺杂半点人工的痕迹，而只能自自然然，听其自由自在；三不能限制，横加干涉，而只能开放，让其凭自己的兴趣去选择；四不能明言，而只能暗示，让人们在不知不觉中默默地受到感化。孔子说："天何言哉！天何言哉！"培养人的美感教育，就要像上天化育万物一样，培育了万物，但却默不作声，无为而无不为，"润物细无声"。

精神来自物质，心理来自生理，美感教育虽然属于精神和心理的范围，但它却建筑在物质和生理之上。因此，我们可以从物质和生理入手，探讨美感教育是通过一些什么样的途径，来改变我们的心理气质和精神面貌的。这牵涉到多方面的问题，蒋孔阳先生主要谈三点：第一，从生理的兴奋和快感，转移到心理的恬适和愉悦。第二，从个别性的感受和形象，转移到普遍性的观照和沉思。第三，从功利的占有和享受转移到超功利的旷达和玩赏。

第二节　事业与职业

艺术人生中，要把艺术作为一门职业，并成为终身奋斗的事业，是每个艺术工作者需要思考的问题。

一、事业与文化艺术事业

事业就整个社会而言，是指人们有目的的、有计划的、系统的科学创造活动。就个人而言，是指个人所从事的与社会目标相联系的、对社会有益的、具体而稳定的创造劳动。事业深刻地影响着人们及生存的这个世界，事业活动的人生意义在于两方面：首先，事业活动使个体获得发展和完善。在当代人类社会中，个体只有将自己的全部身心投入庞大的事业或者艺术事业，个体价值才能充分而完整地体现出来，个体也才能得到完善和升华。其次，事业活动使人类社会获得进步和发展。人类创造性的工作，在实现自身价值的同时，也创造着整个世界。这种事业活动使人生意义超出了个体的局限而达到了与万物同在的永恒。

文化艺术事业就是在文化艺术领域从事的系统化的创造性活动。在各方的努力耕耘推动之下，我国的艺术事业近年来有了长足进步，包括戏剧、舞蹈、音乐、美术的好多作品不仅在国内获得好评，而且开始走出国门，引起外国文化艺术界的注意。文化艺术事业丰富着人们的精神文化生活，为人们的生活增添了不少乐趣和享受。

目前，我国的文化艺术事业正处在新的发展阶段和关键时期，面临难得的发展机遇。为在新的历史起点上进一步推动社会主义文化繁荣兴盛，建设社会主义文化强国，2022年8月，中共中央办公厅、国务院办公厅根据《中华人民共和国国民经济和社会发展第十四个五年规划和2035年远景目标纲要》，编制了《"十四五"文化发展规划》。

"十四五"时期是我国在全面建成小康社会基础上开启全面建设社会主义现代化国家新征程的第一个五年，也是推进社会主义文化强国建设、创造光耀时代光耀世界的中华文化的关键时期。进入新发展阶段，统筹推进"五位一体"总体布局、协调推进"四个全面"战略布局，文化是重要内容，必须把文化建设放在全局工作的突出位置，更加自觉地用文化引领风尚、教育人民、服务社会、推动发展。贯彻新发展理念，构建新发展格局，推动高质量发展，文化是重要支点，必须进一步发展壮大文化产业，强化文化赋能，充分发挥文化在激活发展动能、提升发展品质、促进经济结构优化升级中的作用。顺应我国社会主要矛盾的历史性变化，满足人民日益增长的美好生活需要，促进人的全面发展，文化是重要因素，必须深化文化体制改革，扩大优质文化供给，让人民享有更加充实、更为丰富、更高质量的精神文化生活。迎接新一轮科技革命浪潮，推动发展质量变革、效率变革、动力变革，文化是重要领域，必须加快推进文化和科技深度融合，更好地以先进适用技术建设社会主义先进文化，重塑文化生产传播方式，抢占文化创新发展的制高点。实现中华民族伟大复兴，战胜前进道路上各种风险挑战，文化是重要力量源泉，必须高扬思想旗帜、强化价值引领、激发奋斗精神，建设中华民族共有精神家园，推进文化铸魂，增强全民族的凝聚力、向心力、创造力。应对世界百年未有之大变局，在错综复杂国际环境中化解新矛盾、迎接新挑战、形成新优势，文化是重要软实力，必须增强战略定力、讲好中国故事，为推动构建人类命运共同体提供持久而深厚的精神动力。走好新的赶考之路，进行伟大斗争、建设伟大工程、推进伟大事业、实现伟大梦想，我们要更加坚定文化自信，自觉肩负起新的文化使命，在实践创造中进行文化创造，在历史进步中实现文化进步，为全面建设社会主义现代化国家提供思想保证、舆论支持、精神动力和文化条件。

高举中国特色社会主义伟大旗帜，坚持以马克思列宁主义、毛泽东思想、邓小平理论、"三个代表"重要思想、科学发展观、习近平新时代中国特色社会主义思想为指导，全面贯彻习近平总书记关于宣传思想工作的重要思想，坚持把马克思主义基本原理同中国具体实际相结合、同中华优秀传统文化相结合，围绕新时代中国特色社会主义事业总体布局和战略布局，围绕立足新发展阶段、贯彻新发展理念、构建新发展格局，聚焦举旗帜、聚民心、育新人、兴文化、展形象的使命任务，以社会主义核心价值观为引领，以推动文化高质量发展为主题，以深化文化领域供给侧结构性改革为主线，以文化改革创新为根本动力，以满足人民日益增长的精神文化生活需要为根本目的，坚持稳中求进、守正创新，着力坚持和完善繁荣发展社会主义先进文化的制度，着力巩固马克思主义在意识形态领域的指导地位、巩固全党全国人民团结奋斗的共同思想基础，着力建设具有强大凝聚力和引领力的社会主义意识形态、具有强大生命力和创造力的社会主义精神文明、具有强大感召力和影响力的中华文化软实力，不断铸就中华文化新辉煌，为全面建成社会主义文化强国奠定坚实基础。

二、职业与艺术职业观

在人生哲学中，事业不是一个孤立范畴，它与各种因素相联系，是各种因素共同作用的反映。与事业密切相关的是职业。一般认为，职业就是个人为社会服务并且以此作为主要生活来源的工作。职业观就是人对某职业的观念态度和看法的总和，职业观包括职业认知、职业情感、职业责任、职业规划等。

艺术职业观就是对艺术这项职业的认知、情感、责任等的理解。作为艺术类高等教育，艺术院校学生在就读期间对待职业问题的看法和观念，是他们的世界观、人生观、价值观在职业问题上的综合反映，在整个人生历程上具有无可替代的作用，笔者曾经对艺术院校学生职业观进行过调研，其特征包括：

职业认知清晰。职业认知是对职业的认识。调查显示，有72.9%的学生认同职业是"个人履行社会责任并得到社会认同的载体"，66.3%的人赞同每个有能力的公民，应该通过工作为社会作贡献。同学们普遍意识到职业除了谋生之外，更重要的功能是实现人生价值，为社会作贡献，他们对职业的认知是清晰与正确的，也为确立坚定的职业信仰奠定了良好的基础。当然，在对家庭、职业、休闲活动等在人生中的重要性的调查中，仅16.3%的同学认为职业是排在第一位，46%的人认为职业应排在家庭生活之后的第二位，甚至有26.3%的人认为职业应排在家庭生活、休闲活动之后，这也意味着学生对职业认知的重要性还存在偏颇，需要我们在今后的教育中加以强化。

职业情感凸显。职业情感是人们对自己所从事的职业所具有的稳定的态度和体验。只有怀揣强烈职业情感、无限热爱自己的职业和岗位，才能够从内心产生一种对自己所从事职业的需求意识和深刻理解，才能形成真正的职业信仰。"台上一分钟，台下十年功"，艺术类学生很看重自己的艺术特性和专业技能，对职业有强烈的情感，专业情结深厚，79%的学生愿意选择与本专业相关的职业，也认为是最应受到重视的职业之一，当然艺术类学生（戏剧、音乐、舞蹈、美术）的职业情感更甚。

职业责任感偏弱。职业责任是指人们在一定职业活动中所承担的特定的职责，它包括人们应该做的工作和应该承担的义务。调查显示，尽管艺术类学生的职业认知还算清晰，但一旦落实到具体的行为选择时，依旧有63.7%的人认为职业是"赚钱的行动"，谋生依然成为其职业选择的最主要动力。如果仅把职业看作是谋生的手段，那么在今后的工作可能缺乏冲劲和拼劲，就无法形成坚定的职业信仰，稍遇阻力便止步不前，得过且过，降低工作效率。

职业选择务实。职业选择是个人对于自己就业的种类、方向的挑选和确定。我们发现学生在选择适合艺术类学生的理想职业时，根据自己的实际情况进行微调，依次为教师（51.5%）、个体经营者和企业家（46.9%）、公务员（39.2%），而对于专业要求甚高的律师、金融机构工作人员，考虑甚少，体现了学生能结合自身的具体实际进行有利于自身的选择。那么如果没能到自己所希望的单位就业时，有69.4%的同学选择先就业，27.4%的同学愿意自己创业，有4%的同学干脆选择不工作。在回答毕业后在哪里就业这类问题时，即便40.6%的同学从理性上还是赞同"愿意在杭州地区以外缺乏人才的地方就业发展机会更多",但是当真正选择"你今后愿意就业的地点"时,排序依次是杭州(84%)、沿海地区省会城市(57.7%)、国外或境外(48.9%)、北上广特大城市(44%)、沿海地区中小城市(32.9%)、中部地区省会城市(10.3%)、中部地区中小城市(7.7%)、沿海地区农村(7.1%)。杭州及沿海地区省会城市和国外或境外还是排名靠前。

职业规划盲目。职业规划是指个人结合自身情况以及眼前的机遇和制约因素,为自己确立职业目标,选择职业道路,确定教育、培训和发展计划等,并为自己实现职业生涯目标而确定行动方向、行动时间和行动方案。在问及就业前景时,64.3%的人表示乐观,22.9%的人表示不清楚,7.7%的人表示悲观,另外4.9%的人表示无所谓,他们的认识与当前严峻的就业形势产生偏差。当问及"您是否有明确的个人职业定位和职业发展目标"时,大多数人的回答并不确定,"非常明确"的只有12.9%,这说明学生对今后就业的规划还是比较模糊,人云亦云。

专业差异显著。在调查中,我们还发现,艺术类学生的专业差异也显示在了职业观的差异性上。问及"面对就业现实,您选择的职业"时,我们总结出两个"最",最想做教师的系是舞蹈系(92.5%),接下来依次是音乐系、美术系、戏剧系、文管系和影视技术系,艺术类专业的教师情结明显超过了非艺术类的学生。最有创业意愿的系是影视技术系(68.6%),接下来依次是美术系、文管系、舞蹈系、戏剧系和音乐系,可见非表演类学生的创业意愿明显超过了表演类学生。

三、艺术工作者的职业理想

艺术工作者是我们文化事业的中坚力量,艺术工作者的职业理想,是指艺术工作者对未来美好艺术职业生活的构想,包括遵循什么样的道德规范和行为准则,能做出多大成就以及达到何种境界方面的规划和设计。树立和加强艺术工作者的职业理想,作为各级文化事业组织的一项重大任务有着十分重要的意义。党的十八大以来,广大文艺工作者坚持以人民为中心的创作导向,牢记初心使命,立足德艺双馨,聚焦精品创作,在守正创新上实现新作为,文艺在满足人民文化需要、涵养人民精神力量、推动经济社会健康发展等方面发挥了独特作用,文艺界整体面貌焕然一新。同时,我们也应清醒地看到,极个别文艺工作者在职业道德上所呈现的认知偏差和行为失范,给文艺行业蒙上了阴影。作为对新时代社会主义文艺事业的主体力量的培养,艺术类高校人才培养的职业道德水准是艺术院校人才培养中最为重要的工作之一,更是艺术类高校思想政治教育的天职。德艺双馨，以德为先。通过认真学习领会习近平总书记有关文艺工作的重要论述，尝试构建以"崇道为民、修为敬业、尚美精艺、致和创意、守正担当"为基本内容的文艺工作者职业理想，深化对"德艺双馨"的认识，以期培养一批"以德为先、高超技艺、多出精品的优秀文艺工作者"，为建设新时代风清气正的文艺生态提供更为明晰和有效的指导。

（一）崇道为民——职业理想的价值导向，体现政治原则

崇道为民是指文艺工作者以马克思主义经典文艺理论和新时代文艺理论为指导思想，贯彻党性原则，坚持以人民为中心，积极践行社会主义核心价值观，努力提高自身的思想政治素质，为中华民族伟大复兴与人民群众基本文化权益的实现服务。崇道为民是艺德的价值导向，是对文艺工作者创作导向与服务对象的要求，是政治原则的体现。

"道"，作为与汉字同在，与中华文明同在的哲学概念，本义是推动宇宙运行最根本的规律，现指坚持按事物的本质要求和发展规律办事。有人认为，文学艺术既然是审美形态，它的功能只要满足人们审美的需求，而不必有什么价值引领与思想意识；也有人认为文艺创作只需凭感觉，一旦参与意识形态就会损害文艺，其实这些都是错误的想法。马克思主义经典文艺理论告诉我们，文学艺术源自人民群众的生产生活实践，通过观念形态、诗词歌赋、书法绘画、音乐舞蹈等表现形式创造和外化出来的，是人类精神产品的特殊生产方式，是对经济基础和物质生活的反映，能透过表象深刻把握的社会历史发展规律。"崇道"，就是要以马克思主义特别是习近平新时代中国特色社会主义思想为指导，捍卫"两个确立"，贯彻党性原则，坚持人民立场。文艺工作，坚持与时代同步伐，高举革命精神，树立正确的国家观、民族观、历史观、艺术观和人民观。

文艺创作，首先要搞清楚为谁创作、为谁立言的问题。"为民"，就是要把满足人民群众精神文化需求作为文艺工作的落脚点和价值旨归。"社会主义文艺，从本质上讲，就是人民的文艺。"文艺工作者必须清醒地认识到，人民需要文艺，文艺是人民实现基本文化权益的重要途径；文艺需要人民，人民是文艺表现的主体，是文艺审美的评判者和鉴赏者，"人民生活中本来就存在着文学艺术原料的矿藏，人民生活是一切文学艺术取之不尽、用之不竭的创作源泉"，要从人民质朴话语中记录他们的所需所想，发现他们闪光的智慧；文艺要热爱人民，要深深懂得人民是历史创造者，深刻体悟同人民群众的血肉联系，从他们的生产实践中汲取创造素材，刻画他们的内心世界，尊重人民、情

系人民、敬畏人民、扎根人民、服务人民、歌唱人民，把对人民的真情实感转化为文艺创作的巨大推动力，真正做到与人民大众同呼吸共命运，创作经得起人民检验的好作品。

（二）修为敬业——职业理想的民族品格，体现继承渊源

修身敬业是指文艺工作者注重从中华优秀传统文化中汲取力量，提高自身道德修养，提升综合文化素养，身心健全，勤奋敬业，尽职尽责，推动个人提升和文艺事业的发展。修为敬业是艺德的民族品格，是对文艺工作者自我成长与精神面貌的要求，是继承渊源的体现。

文学艺术的创作要有现代真实生活的意蕴，也要根植于中华优秀传统文化的血脉，它蕴含着中华民族最深厚的精神信仰，包含着中华民族最精深的精神基因。"修为"通常是指道德的修为，它是儒家道德的核心，是实现"修身、齐家、治国、平天下"人生价值的逻辑起点，也是艺德的基础。与西方注重他律相区别，修为作为中华优秀道德传统的精髓，特别强调内省与自悟。作为文艺工作者，需要与新时代条件相结合传承中华优秀传统文化，弘扬中华美学精神，不断提高学养、修养和涵养，加强思想引领、知识积淀、文化积淀和艺术训练，时刻反省，常常省察，坚持不懈，做到"笼天地于形内，挫万物于笔端"，提升自身的谈吐言行和道德境界，进而锻炼成为极具内在涵养的文艺大师。

中华民族历来都有崇尚道德的传统，更倾向于从伦理道德层面来进行价值判断，对各个行业人员提出相应的职业道德准则，规范他们的从业道德要求。敬业是传统文化中对从业者伦理道德的要求。《礼记》中就有记载要"敬业乐群"，所谓敬，就是说做任何一件事，都要忠于一件事，将全部精力集中到一件事上，不能有一点旁骛。十八大以来，文艺工作者展现了强大的责任担当意识，但文娱圈功利、短视与浮躁现象时有发生，快餐式的消费文化兴起，流量为王、资本操控，这是缺乏对职业敬畏的表现。与西方敬业天职论相异，"敬业"作为职业道德的浓缩，更多的是传达社会责任感和道德义务感。文艺神圣而美好，但文艺创作的过程却是枯燥与艰辛的。它需要从业者安心于本职工作，而非挑挑拣拣，它需要热爱文艺职业，"坐得住冷板凳"，把对文艺事业矢志不渝地追求升华为高度自觉的责任意识。

（三）尚美精艺——职业理想的专业诉求，体现职业特性

尚美精艺是指文艺工作者树立正确的审美观与艺术观，遵循美的规律，领悟审美价值，刻苦学艺，精益求精，创作"思想精深、艺术精湛、制作精良"的文艺作品，展示当代中国文艺发展成果。尚美精艺是艺德的专业诉求，是对文艺工作者特定职责与业务技能的要求，是职业特性的体现。

马克思主义认识到，文艺是一种特殊精神现象，是按照"美的规律"来建造的产物，是人对世界的有别于哲学思维的特殊掌握方式。文艺创作是特别的精神性的生产形态，它是人类重要的精神文化活动，是构建共同精神家园的重要载体。追求真善美是文艺永恒的价值追求。文艺生产始终是动态的，现实生活多彩样态成为文艺作品的有机构成，文艺应该根植于现实生活反映时代，坚持现实主义的创作手法，尊重文艺发展规律，遵循文艺审美特性，在作品中注重故事构思、情节安排、人物刻画、画面设计、语言运用等艺术技术要素，带给人审美享受。文艺创作更要珍视红色文化所体现的美学价值，传递向上向善的价值观，启迪智慧、温润心灵、净化风气，是中华民族崇高的道德情操与追求的表现，也是文艺追求真善美的彰显。

文艺工作者还需要树立理想并转化为文艺实践，需要对专业执着追求，对技能勤学苦练，创立属于自己的文艺风格和文艺精品。文艺精品是文化艺术的风向标，当前文艺创作缺少既叫好又叫座的艺术"精品"，要想改变这种局面，需要我们文艺工作者苦心钻研，辛勤耕耘，增强"脚力、眼力、脑力和笔力"，用板凳要坐十年冷的艺术定力，提升自身专业与技能水平，提高作品的价值高度、文化意蕴和艺术水准，勇攀艺术高峰。

（四）致和创意——职业理想的精神实质，体现时代要求

致和创意是指文艺工作者以和为贵、团结协作、锐意进取，充分发挥自身的艺术才能和创造力，营造海纳百川、团结和谐、勇于创新的良好氛围。致和创意是艺德的精神实质，是对艺术工作者成才条件与内在动力的要求，是时代要求的体现。

致和即强调人与诸事的和顺，对个体而言是与他人和睦相处，对集体而言是主张求同存异，即人与人、人与社会和平相处。文艺工作者需要意识到，尽管文艺在很大程度上是个人体验的再现，但交流切磋、团结合作也是必不可少的。通过交流产生碰撞，达到互动提升。文艺工作者只有将个人的勤奋努力与博采众长、团结互助交融在一起，学

会学习与合作，学会理解与宽容，才能创作出形象生动、内涵丰富、情感真挚、打动人心的艺术作品。

创意是文艺创作的原动力，是文艺精品取之不尽的力量来源，是时代进步发展的灵魂所在。历代艺术大师，无不因在艺术上自成一派的创新成果而名传后世。文艺创新是艰苦的创造性劳动，它植根于传统经验的积累，题材的选择、主题的确定、韵味的生成，只有深刻理解与把握中华美学精神基础上的创新，才是推动文艺创新的内在动力。文艺创新脱胎于社会生活的特殊感悟和独特追求，挖掘于人民文化生活的新特点，发展于艺术内容、形式和手法，辉映于各种艺术技术呈现方式。文艺工作者积极推动观念和手段的结合、内容和形式的融合，创新文艺工作与全媒体融合，提高原创力，塑造反映时代新特点的典型艺术形象，创作出丰富多彩的、富有中国自信和中国气派的文艺作品，为人类文明留下宝贵的艺术财富。

（五）守正担当——职业理想的追求，体现超越品质

守正担当是指文艺工作者要坚守艺术良知与艺术理想，摒弃庸俗，弘扬正气，承担重任，服务社会，为人类命运共同体的构建增添中国文艺的光彩。守正担当是艺德的理想追求，是对艺术工作者内在良知与社会责任的要求，是超越品质的体现。

在市场经济以价值导向为主流的当下，功利性逐步渗透到人们生活的方方面面，文艺发展的时代背景、社会基础和经济条件都发生了显著变化。部分文艺作品更多关注感官享受，以娱乐代替一切的价值和意义，那些所谓有品位、有格调的，反映"精英阶层"的文艺作品，其实质就是被资本操控的提线木偶，是精致的资本主义工业化产品，难以形成价值引领；部分文艺工作者重视物质层面的满足与名利的追求，甚至为了在短时间内成名而偏离正确的道德行为轨道，这给整个文艺生态环境蒙上阴影。守正，就是要求文艺工作者坚守正道，"摒弃尘世中的凡念俗想，抵制亵渎经典、低俗媚俗等文化现象，珍惜自己在公众中的形象与荣誉"，用明德引领风尚，形成有利于推进社会主义核心价值观的良好文艺生态。

我国文艺具有培根铸魂的作用，文艺的繁荣和发展不仅是充盈人民精神文化需求的重要方式，更是促进文明交流互鉴、构建人类命运共同体的独特渠道。习近平总书记在很多重要的国际场合，多次提倡不同文明要取长补短、共同进步，充分体现了对人类文明新形态构建的深刻思考与使命担当。所谓的担当，就是要求文艺工作者勿忘本来、立足当下、面向未来，加强对中华优秀传统文化的创造性转化和创新性发展，以更强的

文化自信和文化自觉，挖掘出中国传统文化内涵、讲好中国故事、弘扬中国精神、传播中国声音，用中国之智和中国之治贡献独特力量，在文化交流互鉴中增进各国人民的友谊，实现中国故事的国际表达，共绘美美与共的瑰丽画卷。

习近平总书记在文艺工作座谈会上指出："繁荣文艺创作、推动文艺创新，必须有大批德艺双馨的文艺名家。"[1]指明了以德艺双馨为核心的"崇道为民、修身敬业、尚美精艺、致和创新、守正担当"是文艺人才职业道德培养的规格标准，也是文艺工作者不懈的追求。这五项基本内容，既有作为职业的一般性道德要求，也有作为文艺工作者的特殊性道德要求；既有最基本的规范性要求，也有需要较高意志力品质的超越性要求，是一个层次分明、逻辑清晰的有机整体，达到职业道德一般性与特殊性、规则与德性的和谐统一。立德树人是教育的根本任务，培养德艺双馨的艺术人才是艺术类高校的初心与使命，作为当下和未来的文艺工作者，我们需要认同和提高职业道德修养与自觉意识，逐步内化并付诸道德实践，紧紧围绕举旗帜、聚民心、育新人、兴文化、展形象的使命任务，成为社会主义文艺事业"德艺双馨"的建设者和接班人，以"有我"担当写就"大我"人生，承担起"以文弘业、以文培元、以文立心、以文铸魂"的光荣使命，奉献人民。

第三节　让艺术熏陶人生

一、艺术美对人生的魅力

人生显然有着许多缺陷和遗憾，就自我人生的审美体验而言，这种一去不复返的遗憾和感慨是普遍的、必然的。我们时常会怀念优美纯真的儿童时代，可谁也阻止不了自己的长大成人；我们艳羡生机盎然的青春年华，可谁都终究会"韶华逝去叹白首"。这种欠缺和遗憾具有客观的必然性，因为我们的人生受一个最基本的东西限制：时间。

然而，艺术却可使我们消除这种遗憾。在小说、诗歌、绘画、音乐、舞蹈、雕塑、戏剧、电影等诸种艺术形式中，美突破了时间和空间的限制。譬如在人民大会堂悬挂的

---

[1] 中共中央宣传部．习近平总书记在文艺工作座谈会上的重要讲话学习读本[M]．学习出版社，2015.13.

那幅著名的《江山如此多娇》的巨型国画，艺术家们以极大的热情、极美的笔墨可以把祖国的壮丽河山突破空间的限制而汇集在一起；而达·芬奇那幅《蒙娜丽莎》名画，又使多少人从中获得人生那温馨、安详的享受；罗丹的那尊《思想者》雕塑则更是启迪了许多人那理性思想的深沉之美。尽管我们中的一些人在有生之年可能从未登过长城，也没见过波涛滚滚的长江黄河，我们在生活中很少甚至无法得到温馨的爱，或者我们也并不是一个善于思想、从而成为深邃明智的人，但这并不妨碍我们仍可以从《江山如此多娇》、《蒙娜丽莎》和《思想者》中获得这方面的审美享受，而这也正是人生所具有的独特的魅力。

高尔基说过：文学的任务、艺术的任务究竟是什么呢？就是把人们身上的最好的、优美的、诚实的，也就是高贵的东西用颜色、字句、声音、形式表现出来。其中文学艺术所表现的"最好的、优美的、最高贵的东西"显然不存在于所有的自我人生中，但惟其因为不普遍存在，才作为一种审美理想的追求，能给予人类美的陶冶。为此，我们可以理解为什么一部伟大的文学著作、一件伟大的艺术品可以千百年地具有美的风范，可以被不同种族、不同国度的人们钟爱。因为在这些作品中，我们通过类似于心理学中的"移情"作用，突破了时空的限制，从中体验和领略美的人生。

常常有这样的情形，一定社会所推崇的人生价值、道德思想和信念体系，虽然显得很深刻，对自我人生也显得非常必要，但如果它们仅仅停留在抽象的理论体系中则常会显得苍白无力。而一旦这些规范、教诲、准则通过艺术的手法以美的方式表现出来，往往能唤醒和打动千百万人的心灵。尽管艺术在这里依然是为准则、规范而服务的，但艺术却凭借美的感染力，深深地影响着我们的人生。而且，我们想特别指出的是，这一点对于我们这个习惯于直觉感性思维的民族来说，显得特别地有启迪意义。在艺术那极富魅力的感性世界里，给予我们的是激动、愉快、欢畅的美的享受。其实，艺术之所以构成人生美的重要内涵，在于艺术能以崇高的人道主义精神，使人类超越时空的诸种限制，感性地领略人生美的意蕴。

二、艺术美对人生熏陶的主要形式

艺术即是人生。综观不同门类的艺术，我们发现，凡艺术之为艺术一定是反映人生的某种审美理想的。这种审美理想或者是优美或者是崇高或者是悲壮。因此，在我们的理解看来，艺术对人生美的熏陶主要通过这三种方式进行。

艺术美使人生最经常体验到的是优美。优美是艺术中最普遍的表现形态。在优美的文学作品、绘画、乐曲、戏剧、电影中，我们所能感受到的是典雅、绮丽、清淡的美。因此，从一般的审美意义上，我们可以把优美的最基本特征理解为和谐。优美中的和谐正如我们通常所理解的那样，也就是艺术品自身内容与形式的和谐。我们觉得优美所蕴含的和谐更主要的是指艺术品与主体的和谐。亦即是说，在艺术的优美中，我们的身心能以愉快、舒畅、满足、平和、宁静的心态沉浸其中，从而体会人生的优美、和谐，并达到"宁静以致远"的崇高境界。

艺术美对人生熏陶的另一常见的形式是崇高。从一般的审美感受中分析，崇高不如优美那样可以在和谐宁静中较直接地感受，崇高往往给人心灵以强烈的震颤，在惊心动魄中使人获得一种雄浑、高古、粗犷、博大的美的感受。譬如，在苏轼那词"大江东去，浪淘尽，千古风流人物"的气度中、在冼星海那曲《怒吼吧，黄河》的雄浑中以及在米开朗琪罗《被缚的奴隶》那粗犷和勇猛中，我们都能体验到人生这种崇高的境界。可以说，崇高的基本美学特征是激荡。我们更需要的是崇高的激励。因为我们正处于一个急剧变革和富强振兴的时代，在这样一个时代中，一切和谐宁静的优美必然也会较多地逝去，取而代之的将是激荡人心的崇高。变革、奋斗，甚至逆行而上已经成为我们这个民族在实现第二个百年奋斗目标中所特有的现实。因而，我们呼唤当代中国的文学艺术家创造出更多崇高的作品；而当代中国人则应该在艺术美的欣赏中向往崇高、体验崇高，激励自我，图强奋进。

悲剧美也总使人们从中体验人生。在小说《红楼梦》、《安娜·卡列尼娜》中，在柴可夫斯基的第六交响曲《悲怆》中，在古希腊雕塑《拉奥孔》中，在苏联画家苏里科夫《近卫军临刑前的早晨》中，都透着强烈的、令人痛惜、怅然的悲剧气氛。因而，悲剧美的基本审美特征是痛苦。

悲剧之所以如此打动人心，并被称为美，那是因为人生本来就透着一丝悲剧的色彩。人生无法摆脱原欲冲动与社会规范的冲突，人生也无法摆脱追求理想过程中的挫折和失败，人生更无法摆脱痛苦的体验，甚至不可避免地要走向死亡，等等。这一切都是自我生命悲剧的诸种表现。悲剧不是悲观绝望。悲剧使我们获得震惊，心灵在痛苦的激荡中振奋起来。所以，鲁迅在其杂文《论雷峰塔的倒掉》中曾经说过："悲剧是将人生有价值的东西毁灭给人看。"而人生中有价值的东西作为一种美的东西的毁灭，则使我们感到痛心。因此，悲剧美不在于美的毁灭，而在于以美的毁灭的形式来肯定美、赞颂美。

此外，艺术作品中的丑、滑稽、幽默、荒诞等形式，也是对人生，真实的典型化反映。因而在其中，我们也都能体验着人生丰富的美，从而拥有一种审美人生的意蕴。

三、让艺术熏陶人生的智慧

艺术与人生相伴相随，它是人生哲理的形象表达，是人生的审美显现，是生活的审美表现，是心灵的诗意居所，蕴含着对真善美的诚挚追求。

说起艺术与人生，朱光潜是必须要提到的。朱光潜一生的学术成就可谓硕果累累，从《无言之美》到《文艺心理学》，从《谈美》到《诗论》，都能看出他对美学及其中国化的孜孜不倦之探求。综观朱光潜的美学思想，我们耳熟能详的便是他对人生与艺术之间的可存续关系及人心何以能在其中觅得归宿等问题的洞见性探索，而"人生的艺术化"正是他试图平衡、融合人生与艺术之关系而提出的特别方案，这尤其体现了他对中国之"人心"的莫大关怀。"人生的艺术化"的提出，尽管受限于历史背景和时代环境，但其意义并未随着时间的流转而消逝，反而为我们在当下反思自我与现实提供了宝贵而又丰富的启示。

朱光潜"人生的艺术化"美学思想以人本位的艺术心灵为基础和核心，展开了对人生与艺术之间关系的探讨。在朱光潜看来，人生与艺术是有距离的，但这种距离感并不意味着两者的矛盾，因为"'实际人生'比整个人生的意义较为窄狭"。也就是说，除了"实际人生"中一些基本的物质需求、生理需求和现实利害关系之外，人们还有诸如艺术等追求精神享受之类的诉求，即还有"艺术人生"，艺术能为人生提供一个可鉴可赏、寄托情思的自由天地，这块天地对于人心的慰藉、人格的修养和情趣的养成益处颇多。朱光潜进而明确指出，人生与艺术是唇齿相依、唇亡齿寒的关系。正是在这种生生不息的情趣中，我们才能见出生命的造化。当这种生命流淌于笔下，就是千古丰碑；当它跃然于纸上，就是恢宏画卷。艺术是情趣的流射，艺术的生活也就是情趣的生活。朱光潜认为，人生应是艺术化的人生，它有艺术情趣的注入，因而生命充满光辉、生机勃勃，免于陷落世俗的尘埃中而不得超脱、不得自由；艺术当为人生化的艺术，人的感情、意志、理想等人格都融入艺术，让艺术有了人的活力而显得更有人情味。

既然艺术对人生显示了那么多的美的意蕴，我们人生的一个重要追求便无疑是学会让艺术"走进"自我人生。这也许可以称之为是追求和领略人生美的一种智慧。

在自我生命的情感品性中培养丰富的审美感受力，是让艺术走进自我人生的最重要的基础。艺术形象所表现的是艺术家凝聚在其中的一种具有普遍的审美意义的艺术情感，我们只有在自己情感的激发中才能领略到这种美的情感，同悲欢、共休戚，感受或喜悦、或忧伤、或优美、或悲壮的人生。借助艺术品的欣赏以培养审美情感，对自我人生美的造就和追求是重要的。在这里显然不是为艺术而艺术，也不是为情感而情感，这一切都是为了人生。因为在艰辛的人生中太需要以审美的情感去对待整个世界了。所以，在我们的人生中，在学会"走入"艺术的审美情感之后，必须学会如何"走出"。而这只有借助于情感之外的理智。人性中的理智在这里是一种与情感相反的另一种美。这种美诉诸理智、诉诸思考、诉诸冷静。

让艺术熏陶自我人生，还要特别注意提高自我的审美格调和品位。因为人生和艺术的影响是双向的作用，我们选择什么样的艺术作品，事实上就在选择什么样的熏陶，就在选择什么样的人生追求。所以，歌德曾对友人这样说过："鉴赏力不是靠欣赏中等作品而是要靠观赏最好作品才能培育成的。所以，我只让你看最好的作品。"歌德这里所说的"最好的作品"就是指那些情趣高尚、艺术魅力强，且渗透着崇高人道主义精神的艺术作品。显然，这些作品是永恒的，能让一代代的欣赏者反复品味，从中吸取人生的各种审美理想和审美情趣。

特别重要的是，强调艺术欣赏的审美格调和品位，对当代中国人自我人生的审美追求具有特别重要的现实意义。黑格尔说："诗过去是，现在仍是，人类的最普遍最博大的教师。"确实，诗境是诗心的象征。一颗伟大而敏锐的诗心，象征着一种人生的心境。认识一位伟大的诗人，就是交结了一位心灵的知己密友。他将会亲切地伴随你的一生，给你以理想、信念、智慧、力量、启示、慰藉。每个民族都有这样的诗心。中国是诗国，丰厚的中华文化培育了无数各具幽情壮采的伟大的诗心。屈、陶、李、杜，独具风骨；韩、柳、苏、辛，自为风流。今天的中国人要寻找心灵的诗友，似乎无须远涉重洋。在"诗的唐朝"和"词的宋朝"，有无数壮丽的诗人值得我们走访拜谒。单就"诗的唐朝"而言，李白、杜甫、王维就是比肩而立的三大诗人。诗评家或称他们为诗中的仙、圣、佛，或称其为诗中的天、地、人，或称其为诗中的真、善、美。在中国诗史上，这三颗伟大的诗心，确乎代表着三种生活态度，体现着三种人格精神。诗仙李白、诗圣杜甫、诗佛王维，确乎体现了人类三种最基本的人格精神和人生境界。而从诗仙到诗圣，再到诗佛，又显示了个体人生经历的三个必然阶段：青春意气，向往浪漫的李白；中年深沉，认同博大的杜甫；渐入老境，回归淡泊的王维。我们的一生中若有这些蕴涵着不同的人格精神和生命情调的诗心相伴随，就会化消沉为昂扬，化卑微为崇高，化空虚为充实。

因此，让艺术走进人生，让艺术来熏陶自我心灵，但必须是真正的艺术。我们应谨记，并不是所有的艺术都可称之为艺术。我们在自我人生的审美追求中，只能让歌德称之为"最好的艺术"融进我们的人生中去；否则，我们必然无法领略、体验艺术对自我人生的审美意义。

课后思考题

1. 简述艺术创作的三阶段。
2. 艺术工作者所应具备的文化素养包括哪些方面？
3. 什么是艺术文化事业？
4. 艺术院校学生艺术职业观的特点有哪些？
5. 试论述艺术工作者的职业理想。
6. 如何理解艺术与人生的关系？
7. 如何理解文艺工作者的社会责任？
8. 艺术美对人生熏陶的主要形式有哪些？
9. 让艺术熏陶人生需要注意哪些方面？
10. 请用一件艺术作品来阐释对人生的理解。

课后思考题及答案

参考文献

1.《马克思主义哲学》编写组.马克思主义哲学[M].2版.北京：高等教育出版社，2020.

2.《美学原理》编写组.美学原理（第二版）[M].北京：高等教育出版社，2018.

3. 艾思奇.大众哲学[M].天津：天津人民出版社，2018.

4. 蔡元培.我的人生观[M].北京：中国工人出版社，2013.

5. 陈望衡.审美伦理学引论[M].武汉.武汉大学出版社，2007.

6. 陈文忠，李伟.艺术与人生[M].芜湖：安徽师范大学出版社，2017.

7. 党建读物出版社.透视人生：世界观、人生观、价值观通俗讲话[M].北京：党建读物出版社，2002.

8. 方东美.中国人生哲学[M].北京：中华书局，2012.

9. 房广顺.当代大学生人生观教育研究[M].沈阳：辽宁人民出版社，2011.

10. 房广顺.社会主义核心价值观与中华传统文化[M].北京：人民出版社，2015.

11. 冯友兰.中国哲学史[M].上海：华东师范大学出版社，2016.

12. 高建平，等.中华美学精神[M].北京：中国社会科学出版社，2018.

13. 郭青春.艺术概论[M].北京：高等教育出版社，2007.

14. 韩振峰.青年人生观导向[M].北京：中国青年出版社，1991.

15. 胡适.中国哲学史大纲[M].上海：华东师范大学出版社，2013.

16. 黄映玲.以马克思主义哲学为指导正确认识和处理人生问题[J].创造，2021（1）：76-82.

17. 金雅.中华美学：民族精神与人生情怀[M].北京：中国社会科学出版社，2017.

18. 康尔.艺术原理通论[M].南京：南京大学出版社，2010.

19. 李德顺.哲学概论[M].北京：中国人民大学出版社，2011.

20. 梁漱溟.东西文化及其哲学（修订版）[M].北京：商务印书馆，1999.

21. 鲁雁飞，杜明书.哲学与艺术人生[M].武汉：武汉大学出版社，2014.

22. 罗家伦.新人生观[M].沈阳：辽宁教育出版社，1997.

23. 彭吉象.艺术学概论[M].5版.北京：北京大学出版社，2019.

24. 邵军.走进人文——高职人文素质教程[M].合肥：安徽大学出版社，2007.

25. 沈湘平.哲学导论（修订本）[M].北京：中国社会科学出版社，2017.

26.宋希仁.人生哲学导论[M].太原：山西教育出版社，2003.

27.涂可国.老庄道家自我人生哲学的四大思想范式[J].山东师范大学学报（社会科学版），2021（5）：147-156.

28.汪华岳.马克思主义哲学原理[M].北京：高等教育出版社，2011.

29.王宏建.艺术概论[M].北京：文化艺术出版社，2010.

30.王伟光.持续推进马克思主义哲学与中华优秀传统哲学相结合，不断实现马克思主义哲学中国化时代化[J].马克思主义哲学，2023（5）：6-19.

31.习近平谈治国理政[M].北京：外文出版社，2014.

32.邢海晶.人类命运共同体：人类社会发展的现实必然与未来可能[J].社会科学辑刊，2022（4）：32-38.

33.邢辉生，吕晓东.哲学基础[M].兰州：兰州大学出版社，2008.

34.熊艳梅.新时代艰苦奋斗精神的内涵、时代价值及其现实要求[J].高校辅导员学刊，2022（1）：95-100.

35.严顺东.习近平关于青年人生价值的重要论述研究[D].长沙：湖南师范大学，2021.

36.严昭柱.中华美学精神论集[M].北京：作家出版社，2020.

37.杨春时.美学（修订版）[M].北京：高等教育出版社，2020.

38.杨春时.中华美学概论[M].北京：人民出版社，2018.

39.叶朗.中国美学史大纲[M].上海：上海人民出版社，1985.

40.于俏.文明互鉴下中西美学的比较研究[M].沈阳：辽宁大学出版社，2018.

41.余长松.人生哲学概论[M].北京：中国铁道出版社，2000.

42.俞武松.艺术哲学读本[M].北京：金城出版社，2014.

43.张法.美学重要问题研究[M].北京：人民出版社，2019.

44.张应杭.人生哲学论[M].杭州：浙江大学出版社，2000.

45.张玉能.论艺术典型的创作——新时代中国特色社会主义美学的"艺术典型论"[J].长江文艺评论，2022(2)：4-11.

46.中共中央马克思恩格斯列宁斯大林著作编译局.马克思恩格斯选集[M].北京：人民出版社，2012.

47.中共中央宣传部.习近平总书记在文艺工作座谈会上的重要讲话学习读本[M].北京：学习出版社，2015.

48.朱光潜.谈美[M].桂林：广西师范大学出版社，2004.

49.朱光潜.文艺心理学[M].上海：复旦大学出版社，2009.

50.朱志荣.中国审美理论[M].上海：上海人民出版社，2019.

后 记

本教材是根据教育部制定的《"十四五"职业教育规划教材建设实施方案》，统筹建设意识形态属性强的课程教材，重点在部分公共基础课程和财经商贸、文化艺术、教育体育、新闻出版、广播影视、公安司法、公共管理与服务等专业大类相关专业领域，推进职业教育领域新时代马克思主义理论研究和建设工程的省级高职院校"十四五"重点教材建设项目。

本教材定位于服务高职院校各专业的通识课教材，符合高职院校人才培养的职业需求，共设立六个专题，分别为走进哲学、走进艺术、走进人生，人生·哲学、艺术·哲学和艺术·人生，每个专题均分为三个项目，试图从艺术、哲学、人生这三个与职业院校学生通识课程密切相关的词组出发，通过解读这三个词组以及对三个词组进行不同的排列组合，抓取艺术类高职院校通识课的特色，构建专业课与文化课之间的纽带，架起跨越两者之间的桥梁，编写具有艺术类高职特色的通识类教材，更好地融入专业课教学中。教材有助于从整体上学习把握艺术与哲学、人生的密切关系，有利于培养学生思维能力，激发学生的学习兴趣。

本教材由胡卓群教授担任主编，负责章节框架的设计、内容编写和修改统稿工作。副主编许瑛副教授、叶峰泉副教授协助主编参与部分内容编写，编委徐燕丽副教授、陈丽丽老师、蔡秀老师参与修改完善工作。在编写过程中，我们参考和借鉴了许多专家学者的研究成果，恕不一一注明，在此致以诚挚谢意。同时，浙江大学出版社的领导和责任编辑对本书的出版高度重视、大力支持，在此表示衷心感谢。由于时间仓促、水平有限，本书难免存在诸多不足之处，敬请各位批评指正。

本书编写组
二○二四年二月